PARA CONHECER
Linguística Computacional

COLEÇÃO
PARA CONHECER

Aquisição da Linguagem
Elaine Grolla e Maria Cristina Figueiredo Silva

Fonética e Fonologia do Português Brasileiro
Izabel Christine Seara, Vanessa Gonzaga Nunes e Cristiane Lazzarotto-Volcão

Linguística Computacional
Marcelo Ferreira e Marcos Lopes

Morfologia
Maria Cristina Figueiredo Silva e Alessandro Boechat de Medeiros

Norma Linguística
Carlos Alberto Faraco e Ana Maria Zilles

Pragmática
Luisandro Mendes de Souza e Luiz Arthur Pagani

Semântica
Ana Quadros Gomes e Luciana Sanchez Mendes

Sintaxe
Eduardo Kenedy e Gabriel de Ávila Othero

Sociolinguística
Izete Lehmkuhl Coelho, Edair Maria Görski, Christiane Maria N. de Souza e Guilherme Henrique May

Coordenadores da coleção
Renato Miguel Basso
Izete Lehmkuhl Coelho

Proibida a reprodução total ou parcial em qualquer mídia
sem a autorização escrita da editora.
Os infratores estão sujeitos às penas da lei.

A Editora não é responsável pelo conteúdo deste livro.
Os Autores conhecem os fatos narrados, pelos quais são responsáveis,
assim como se responsabilizam pelos juízos emitidos.

Consulte nosso catálogo completo e últimos lançamentos em **www.editoracontexto.com.br**.

Marcelo Ferreira
Marcos Lopes

PARA CONHECER
Linguística Computacional

Copyright © 2019 dos Autores

Todos os direitos desta edição reservados à
Editora Contexto (Editora Pinsky Ltda.)

Montagem de capa
Gustavo S. Vilas Boas

Revisão e diagramação
Dos autores

Dados Internacionais de Catalogação na Publicação (CIP)

Ferreira, Marcelo
Para conhecer Linguística Computacional / Marcelo Ferreira
e Marcos Lopes. – São Paulo : Contexto, 2023.
192 p. : il.

Bibliografia
ISBN: 978-85-520-0152-2

1. Linguística 2. Linguística – Processamento de dados
3. Python (Linguagem de programação de computador)
I. Título II. Lopes, Marcos

19-1280	CDD 410.285

Angélica Ilacqua CRB-8/7057

Índices para catálogo sistemático:
1. Linguística – Processamento de dados

2023

EDITORA CONTEXTO
Diretor editorial: *Jaime Pinsky*

Rua Dr. José Elias, 520 – Alto da Lapa
05083-030 – São Paulo – SP
PABX: (11) 3832 5838
contato@editoracontexto.com.br
www.editoracontexto.com.br

SUMÁRIO

APRESENTAÇÃO	9
• Leituras sugeridas	12
NOÇÕES GERAIS DE PROGRAMAÇÃO EM PYTHON	15
1. Antes de começar…	15
2. Algoritmos e programas	17
3. Instalação do Python	20
4. Como usar o interpretador do Python	22
4.1 Modo interativo	22
4.2 Scripts	23
5. Variáveis e tipos de objetos	24
5.1 Números inteiros e fracionários	25
5.2 Sequências	27
5.3 Conjuntos	33
5.4 Dicionários	34
6. Controle do fluxo de execução	36
6.1 Testes lógicos	37
6.2 Condicionais	39
6.3 Loops	41

7. Filtragem de dados.. 46

8. Funções definidas pelo programador 49

   8.1 Funções nomeadas 49

   8.2 Funções anônimas (lambda) 54

9. Módulos externos.. 55

   9.1 A biblioteca padrão do Python 56

   9.2 NLTK 63

   9.3 spaCy 64

- Leituras sugeridas.. 65

- Exercícios 66

ANÁLISE QUANTITATIVA DE CORPUS.. **69**

1. O que é e para que serve um corpus? 69

2. Tipos de corpora e onde encontrá-los 70

3. Alguns corpora publicamente disponíveis 72

   3.1 NLTK 72

   3.2 Linguateca 73

   3.3 SUBTLEX-pt-BR... 73

   3.4 Projeto Gutenberg 74

4. Trabalhando com corpora não-estruturados 74

   4.1 Reconhecimento e leitura do corpus................................. 74

   4.2 Um concordanciador simples 78

   4.3 Limpeza do corpus 80

5. Contagens de palavras.. 84

   5.1 Vocabulário e riqueza lexical 84

   5.2 Classificação de palavras por ocorrência......................... 85

6. Estatística descritiva 91

   6.1 Média... 91

   6.2 Mediana.. 92

   6.3 Moda.. 94

   6.4 Variância 94

   6.5 Desvio-padrão... 97

6.6 Estatísticas em Python 98

6.7 Gráficos 103

7. Avaliação da relevância de expressões no corpus 108

7.1 TF 109

7.2 IDF 109

7.3 TF-IDF 112

7.4 Implementação e exemplos de TF-IDF 113

7.5 Limitações de TF-IDF 117

8. Criação de um módulo para tratamento de corpus 119

• Leituras sugeridas 120

• Exercícios 120

MODELOS DE N-GRAMAS **123**

1. Introdução 123

2. Probabilidades 126

3. Definição de n-gramas 129

4. Modelos de n-gramas e cadeias de Markov 130

5. Construindo um modelo de n-gramas 132

6. Usando um modelo de n-gramas 134

6.1 Previsão de palavras 134

6.2 Detecção de erros contextuais 135

6.3 Tradução automática 136

6.4 Probabilidades para sentenças 137

7. Alguns problemas 139

7.1 Palavras raras e tamanho do modelo 140

7.2 Suavização 140

8. Avaliação dos modelos de n-gramas 144

9. Implementação em Python 149

• Leituras sugeridas 158

• Exercícios 159

CLASSIFICADORES BAYESIANOS INGÊNUOS.. 161

1. Classificação de dados.. 161
2. Classificadores probabilísticos 163
3. Classificadores bayesianos ingênuos 164
   - 3.1 A regra de Bayes 165
   - 3.2 Classificadores bayesianos 167
4. Treinando o classificador 170
   - 4.1 Suavização 175
5. Avaliação do classificador... 175
6. Implementação em Python... 178
- Leituras sugeridas... 184
- Exercícios 184

CONSIDERAÇÕES FINAIS.. 187

BIBLIOGRAFIA 189

OS AUTORES... 191

APRESENTAÇÃO

Criar máquinas que possam compreender e produzir expressões em línguas naturais é uma antiga ambição humana. Décadas depois do surgimento dos computadores, a evolução e a popularização dessas máquinas chegaram a um ponto em que, no mundo de hoje, a interface linguística com os sistemas computacionais é mais do que nossa realidade cotidiana: é uma forma de comunicação que chegou para ficar. A todo momento, estamos às voltas com programas que interpretam e produzem texto e voz, corrigindo o que digitamos, sugerindo possibilidades de expressão, dialogando, traduzindo, classificando e buscando informações em gigantescos bancos de dados.

Como funcionam esses sistemas? Que relações tem a sua organização linguística interna com o que se faz nas descrições e análises linguísticas tradicionais? Neste livro, vamos encontrar alguns elementos de resposta à primeira pergunta ao elaborar passo a passo alguns programas de análise linguística. Quanto à segunda pergunta, pode ser difícil respondê-la, mas propomos uma saída prática, convidando você, leitor, a experimentar ao longo de todo este livro o desenvolvimento de seus próprios programas e avaliar por si mesmo os resultados em dados linguísticos e literários reais. Não será difícil, a partir daí, conceber como generalizar procedimentos na direção de sistemas que você deseje desenvolver por conta própria. Neste livro introdutório, no entanto, a meta principal não se restringe a ensinar a aplicar métodos. Embora as aplicações práticas tenham valor, acreditamos não estar nelas o que de melhor se tem a ganhar com o aprendizado da linguística computacional. A principal contribuição almejada por este livro é, para nós, a oportunidade que se abre ao leitor de conceber soluções criativas para o cumprimento da tarefa sempre desafiadora de converter problemas da linguagem e da comunicação humanas em representações que uma máquina seja capaz de processar.

A linguística computacional é estudada por linguistas e por cientistas da computação. É comumente chamada de **Processamento de Linguagem Natural**, de onde a sigla **PLN** (ou NLP, em inglês). É estudada, também, como parte das chamadas ciências cognitivas, um conjunto de disciplinas que reúne domínios como as neurociências, a filosofia, a psicologia e, mais uma vez, a ciência da computação e a linguística, todas voltadas ao estudo da mente humana. Com esse objetivo em foco, a investigação tem sempre de levar em consideração a linguagem humana. É nesse contexto que a linguística computacional participa das pesquisas sobre inteligência artificial. Algumas das técnicas que estudaremos neste livro são baseadas em métodos da inteligência artificial. Através delas, vamos imediatamente ampliar o alcance do que acabamos de dizer sobre a antiga ambição de criar máquinas capazes de compreender e produzir expressões em língua humana. A essas habilidades, soma-se a intenção de criar máquinas capazes de aprender línguas.

O material que você tem em mãos foi concebido como um curso, mais do que como um manual de linguística computacional. Nossa ideia central é oferecer o apoio necessário para o enfrentamento inicial nessa dupla formação necessária para se trabalhar nesse domínio. Não se espera, portanto, que você tenha qualquer experiência prévia com programação de computadores.

Começamos, no primeiro capítulo, por uma brevíssima introdução à programação usando a linguagem Python. Os conceitos e os procedimentos serão apresentados passo a passo. Espera-se que você leia o texto e pratique os exemplos de programas em um computador. Dessa forma, não será difícil compreender esses conteúdos. Ao final de cada capítulo, há um conjunto de exercícios propostos. A fim de garantir a assimilação da matéria exposta, sugerimos que você tente solucioná-los integralmente antes de passar aos capítulos consecutivos. Vale dizer que os programas desenvolvidos ao longo da leitura do livro poderão ser úteis para seus próprios objetivos de pesquisa em ocasiões futuras.

O segundo capítulo trata do trabalho com *corpus*, isto é, conjuntos de textos que servem de material para análises empíricas. Sabe-se que a linguística de corpus evolui quase como um ramo autônomo da descrição linguística, com muitas aplicações para fins didáticos e de pesquisa. Isso posto, o estudo quantitativo de corpus é, por si mesmo, importante o bastante. Hoje em dia, têm surgido rapidamente técnicas cada vez mais sofisticadas para organizar e apresentar informações extraídas de grandes conjuntos de dados (ou *Big Data*, como se convencionou dizer), gerando modelos numéricos que buscam prever o comportamento de consumidores, eleitores, telespectadores e assim por diante. Algumas dessas técnicas são aplicáveis a dados linguísticos. Nesse capítulo, produziremos programas que, a partir de um corpus de dados linguísticos, realizam contagens de todo tipo, produzem estatísticas descritivas e gráficos, calculam a relevância de palavras de documentos de texto e preparam os dados para a modelização e a classificação automáticas.

O terceiro capítulo aborda a modelização linguística, isto é, a associação entre unidades linguísticas e probabilidades de ocorrência. Os modelos que escolhemos apresentar são os chamados *n-gramas*, que, apesar da simplicidade associada à sua implementação, há muitos anos figuram entre os principais métodos computacionais para compreensão e previsão de texto e de fala. As possibilidades de uso de modelos de n-gramas para a descrição de um corpus linguístico e para a inferência indutiva sobre o comportamento dos dados são virtualmente ilimitadas.

O último capítulo apresenta uma das tarefas de aprendizado de máquina, que é a classificação de textos. Estudaremos o chamado classificador bayesiano ingênuo, uma das soluções baseadas em probabilidades mais usadas na categorização supervisionada de dados. Também mostramos como avaliar o desempenho do classificador automático para saber até que ponto é possível confiar em seus resultados.

No processo de preparação deste livro, recebemos o precioso auxílio de colegas de diversas especialidades. Inicialmente, Renato Basso foi quem sugeriu o projeto do livro e nos orientou o tempo todo quanto às escolhas didáticas e editoriais. Marcelo Finger esteve conosco durante boa parte do percurso e contribuiu decisivamente para a escolha dos conteúdos que aqui estão. Paula Martins de Souza revisou o conjunto do texto minuciosamente e testou um por um os programas em Python e os exercícios. Viviana Giampaoli revisou as seções relacionadas à estatística e fez numerosas sugestões importantes. Izete Coelho leu a primeira versão do livro e indicou diversas alterações necessárias no texto e na diagramação. Sem essas contribuições, cada uma essencial a seu modo, a realização deste livro não teria sido possível. A todos esses colegas, nossos mais sinceros agradecimentos!

• LEITURAS SUGERIDAS

Ao final de todos os capítulos deste livro, você encontrará sugestões de leitura, sempre relacionadas ao tema apresentado. Nesse sentido, aqui vão algumas indicações de materiais que introduzem a linguística computacional, seus métodos e desafios recentes.

Em português, para uma rápida visão geral da área, existe o capítulo intitulado *Linguística Computacional* (Ferreira e Lopes, 2017), escrito pelos mesmos autores do livro que você tem em mãos. Faz parte de um livro recente, organizado por J. L. Fiorin, cujo objetivo é expor em linguagem acessível a pessoas com uma formação inicial nos estudos linguísticos as novidades teóricas e práticas surgidas na área durante os últimos anos. O capítulo em questão procura explicar as bases da linguística computacional e apresenta exemplos de modelização e classificação de expressões linguísticas, temas também desenvolvidos neste livro.

O artigo *Advances in Natural Language Processing*, de Hirschberg e Manning (2015), apresenta uma rápida e bem informada revisão do desenvolvimento da linguística computacional desde seus princípios, comparando sucintamente as técnicas usadas antes com as promessas metodológicas de agora.

Language and Computers, de Dickinson, Brew e Meurers (2013), é um livro de introdução suave à linguística computacional que discute diversos métodos usados na solução de muitas das tarefas realizadas pelos programas de processamento linguístico às quais nos acostumamos em nosso dia-a-dia: correção ortográfica, busca de informações, sistemas de diálogo e tradução automática. Se você tem curiosidade de saber como funcionam esses sistemas, certamente vai gostar da leitura desse livro.

NOÇÕES GERAIS DE PROGRAMAÇÃO EM PYTHON

Objetivos gerais do capítulo

- Apresentar as noções de *algoritmo*, *linguagem de programação* e *programa*
- Estudar os primeiros fundamentos da linguagem Python
- Produzir alguns programas simples em Python, que servirão de base para as análises dos capítulos seguintes

1. **ANTES DE COMEÇAR...**

Para ter uma razoável compreensão da linguística computacional, é preciso reunir dois tipos de habilidade: (1) ser capaz de programar um computador e (2) dominar alguns fundamentos da descrição linguística. Para começar a aprender, você não tem de ser especialista nem em uma coisa nem em outra. Neste livro, vamos começar por um brevíssimo curso de Python básico e introduzir os conceitos linguísticos pouco a pouco.

15

A linguagem Python

Python é uma linguagem de programação de propósito geral, isto é, que serve para diferentes finalidades. Há muitas razões que justificam sua escolha para as aplicações deste livro. Primeiro, é fácil incorporar *módulos* externos aos programas, isto é, recursos específicos criados por outros programadores, o que permite utilizar funcionalidades avançadas com mínimo esforço. Um desses módulos é o NLTK, especialmente criado para a análise das línguas naturais, que será bastante útil nos capítulos seguintes deste livro. Segundo, por ser uma das linguagens de programação mais populares da atualidade (em particular, para linguística computacional), há muito material didático e de pesquisa relacionado ao Python, o que aumenta ainda mais as chances de adaptar soluções criadas por terceiros a seus programas. Por fim, o Python é reconhecido como uma linguagem de programação bastante intuitiva, ideal para iniciantes, o que certamente é uma das razões de sua popularidade.

Por que ensinar Python num livro como este, quando há diversos manuais especializados de excelente qualidade dedicados somente a esse propósito? Esses livros podem ser muito mais completos ou muito mais elaborados, ou as duas coisas ao mesmo tempo. Isso sem falar na imensa quantidade e variedade de recursos disponíveis na internet, incluindo cursos em vídeo, tutoriais e até aplicativos interativos para tablets e celulares que ensinam Python. Aqui, porém, a exposição desse conteúdo será feita com nosso objetivo central em mente: o tratamento computacional de dados de língua natural. Além disso, este capítulo visa a oferecer a base mínima de programação em Python necessária à *prática* da linguística computacional, que veremos nos capítulos seguintes.

Isso posto, se você se sente seguro de seus conhecimentos em Python, pode pular este capítulo e começar diretamente com as aplicações práticas que vêm no capítulo seguinte. Caso esteja em dúvida, tente resolver os exercícios propostos ao final deste capítulo.

Os conteúdos relacionados ao Python que buscaremos transmitir aqui são, portanto, deliberadamente seletivos. Primeiro, porque não cobrem todo o conjunto das possibilidades dessa linguagem e, segundo, porque, nas soluções dos problemas, priorizamos sempre a forma que nos pareceu mais *simples*, do ponto de vista didático, em relação a outras que poderiam ser mais *eficientes*, do ponto de vista estritamente computacional. Essa seleção se impõe, evidentemente, pela própria natureza introdutória deste livro. No entanto, quem desejar ir além vai encontrar sugestões de leitura e indicações de outros recursos que lhe permitirão avançar.

2. ALGORITMOS E PROGRAMAS

Criar um programa capaz de compreender ou produzir expressões em uma língua natural significa essencialmente *resolver o problema* de compreender ou produzir tais expressões. O passo fundamental para tanto é gerar uma descrição clara da proposta de solução a ser implementada. Na ciência da computação, isso se faz através de **algoritmos**. Um algoritmo é uma série de instruções a serem executadas para a solução de um problema. Idealmente, o número de instruções é finito e sua sequência, bem determinada, passo a passo.

Aquilo a que chamamos de computação consiste, em linhas gerais, em inserir dados (*input*) a serem manipulados por um algoritmo que, ao final da série de instruções, apresenta como resultado os dados transformados pelas instruções (*output*).

Como ilustração, veja a seguir um algoritmo simples para calcular um número fatorial. Talvez você se lembre que uma maneira de calcular o fatorial de um número n, natural e maior que 1, representado por $n!$, é mul-

PARA CONHECER Linguística Computacional

tiplicar recursivamente n por $n - 1, n - 2,\ldots$ até 1. Assim, por exemplo, $4! = 4 \times 3 \times 2 \times 1 = 24$.

Vamos criar um algoritmo para esse cálculo usando três variáveis numéricas: n (inserida pelo usuário, que é o número cujo fatorial deve ser calculado), *Contador* (que controla o número de vezes que o cálculo é realizado) e *Resultado* (que vai armazenando os produtos calculados):

Entrada: n
Saída: fatorial de n

1 Resultado $\leftarrow n$
2 Contador $\leftarrow n - 1$

3 **enquanto** Contador > 0 **faça**
4   Resultado $\leftarrow$ Resultado $\times$ Contador
5   Contador $\leftarrow$ Contador -1

6 **retorna** Resultado

Vamos buscar compreender esse algoritmo por partes. Primeiro, os símbolos. Foram usados símbolos matemáticos, com seu sentido convencional: $\times$ para multiplicação; $-$ para subtração e $>$ para a inequação "maior que". Além destes, $\leftarrow$ é o símbolo para a *atribuição de valor*. Uma expressão como $x \leftarrow 1$ significaria "a variável x recebe o valor 1". Então, nas linhas 1 e 2 do algoritmo, temos duas operações de atribuição de valor. Na linha 1, uma variável chamada `Resultado` recebe o valor de outra variável, n, que, por sua vez, é informado pelo usuário, ou seja, corresponde à *entrada de dados*. Na linha 2, há também uma atribuição: a variável `Contador` recebe o valor de n - 1, ou seja, o valor de n subtraído de 1.

Nas linhas 4 e 5, há uma reta vertical passando à esquerda dessas duas linhas, fechando com uma pequena reta horizontal logo abaixo da linha 5. Esse sinal gráfico marca um bloco de execução em laço, ou *loop*, que é um conjunto de linhas repetidamente executado até que a condição colocada antes do início do loop seja satisfeita. Para tornar mais clara a diferença do bloco de execução em laço, repare que as duas linhas que o compõem estão destacadas também por um avanço de parágrafo (diz-se que estão "indentadas"). A condição que precisa ser satisfeita para encerrar o loop é a que está na linha 3: o loop deve ser executado enquanto o valor da variável `Contador` for maior que 0.

Linha por linha, o que acontece é o seguinte:

1. `Resultado` recebe o valor informado pelo usuário.

2. `Contador` recebe o valor de `Resultado - 1`.

3. Essa é a linha de teste da condição. Esse teste é como uma pergunta: "O valor de `Contador` é maior que 0?". Se for, ou melhor, enquanto for, são executadas as linhas do loop (4 e 5), que vêm a seguir. Se não for (ou seja, se `Contador` chegou a 0), o algoritmo pula o bloco do loop e continua a partir da linha 6.

4. `Resultado` recebe o valor correspondente ao valor que estava (antes) associado à mesma variável, `Resultado`, multiplicado pelo valor de `Contador`.

5. `Contador` recebe seu próprio valor subtraído de 1

6. Terminado o loop, o cálculo está concluído. A variável `Resultado` estará associada ao valor fatorial buscado.

Uma forma de entender o processamento dos dados é acompanhar a evolução dos valores associados às variáveis. Como ilustração, o que aconteceria se usássemos esse algoritmo para calcular o fatorial de 4? A Tabela 1.1 acompanha a execução do algoritmo passo a passo.

Para cada problema específico apresentado, muitos algoritmos diferentes podem ser formulados, cada qual com uma solução proposta. Ainda que dois algoritmos ofereçam exatamente a mesma resposta, eles podem diferir no conjunto de suas instruções e, com isso, afetar o tempo de execução quando colocados em uso num sistema computacional. Buscar algoritmos alternativos para solucionar de forma mais eficiente problemas já solucionáveis é um dos desafios constantes da ciência da computação.

Uma vez estabelecido o algoritmo a ser usado, existe ainda um passo importante para colocá-lo em uso prático em um computador: ele deve ser

Linha	Operação	Desfecho
1	Resultado = n (ENTRADA)	Resultado = 4
2	Contador = (n −1)	Contador = 3
3	Contador > 0? (3 > 0 ?)	Sim; Execute o loop
4	Resultado = (4 × 3)	Resultado = 12
5	Contador = (3 − 1)	Contador = 2
3	Contador > 0? (2 > 0 ?)	Sim; Execute o loop
4	Resultado = (12 × 2)	Resultado = 24
5	Contador = (2 − 1)	Contador = 1
3	Contador > 0? (1 > 0 ?)	Sim; Execute o loop
4	Resultado = (24 × 1)	Resultado = 24
5	Contador = (1 − 1)	Contador = 0
3	Contador > 0? (0 > 0 ?)	Não; Pule para depois do loop
6	(SAÍDA) = Resultado	(SAÍDA) = 24

Tabela 1.1: Exemplo de uso do algoritmo descrito para cálculo de 4!.

transcrito em uma **linguagem de programação**. Tais linguagens são códigos padronizados, com léxico e sintaxe próprios. A passagem de um algoritmo a uma forma reconhecida pela linguagem escolhida é semelhante a um processo de tradução, tendo o algoritmo como língua-fonte e a linguagem de programação como língua-alvo. Essa analogia estende-se, ainda, por haver muitas línguas-alvo (linguagens de programação) possíveis, como acontece entre as línguas naturais. Os programas de computador (ou *softwares*, aplicativos...) são, essencialmente, algoritmos codificados em linguagens de programação.

3. INSTALAÇÃO DO PYTHON

O Python é distribuído gratuitamente e pode ser instalado nos principais sistemas operacionais atualmente em uso: Microsoft Windows, Apple Mac OS e Linux. Existem versões para dispositivos móveis como tablets e celulares, mas aconselhamos que você use um computador Desktop ou Notebook. Visite o site oficial em www.python.org, procure por *Downloads* e escolha a versão de sua preferência. O sistema operacional não importa de fato, mas procure baixar a versão 3 do Python.

Concluídos o download e a instalação em seu computador, procure no seu menu de programas por um ícone do Python identificado como IDLE (como o da Figura 1.1).

Figura 1.1: O logo do Python e do ambiente IDLE.

IDLE é a uma sigla para *Integrated Development and Learning Environment*, algo como "Ambiente Integrado de Programação e Aprendizado". Sua função é servir como editor de texto especializado, com destaque em cores diferentes para expressões com funções diferentes na linguagem, a fim de facilitar o trabalho do programador. Ele também permite uma interação fácil com o interpretador do Python, como veremos a seguir, apresentando resultados de operações e identificando erros quando houver.

Clique no ícone do IDLE para abri-lo. Uma janela com informações semelhantes a estas deve aparecer:

```
1 Python 3.7.2 (default, Dec 29 2018, 06:19:36)
2 [GCC 7.3.0] on linux
3 Type "help", "copyright", "credits" or "license()" for
  ↪    more information.
4 >>>
```

Essa é a janela do **console** interativo do Python, também chamado pelo nome em inglês de *Shell*. Pense no console como um recurso para a comunicação com o Python. Na última linha está o chamado **prompt**, identificado por >>>, que é simplesmente um sinal de que o IDLE não está ocupado executando operação alguma no momento e aguarda instruções do programador.

4. COMO USAR O INTERPRETADOR DO PYTHON

Há duas formas básicas de se usar o interpretador do Python: o **modo interativo** e os **scripts**.

Vamos chamar de **expressão** toda informação que você passar ao interpretador Python. As expressões podem ser bem formadas ou não. As bem formadas são aquelas que o Python pode interpretar, enquanto as mal formadas geram um aviso de erro, e, se estiverem no meio de um programa em execução, o interpretador vai interrompê-lo.

4.1. Modo interativo

No modo interativo, o interpretador responde imediatamente às expressões inseridas pelo programador, como se fosse um diálogo. A cada vez que a tecla `Enter` é pressionada, as expressões digitadas são passadas ao interpretador, que vai avaliá-las e executá-las. Como ilustração, podemos usar a janela do modo interativo como uma calculadora. Nos exemplos a seguir, aquilo que se lê após o prompt (>>>) deve ser digitado por você. As respostas do interpretador são transcritas à margem esquerda, sem o sinal do prompt.

```
1  >>> 1 + 1
2  2
3  >>> 2 * 2 + 1
4  5
5  >>> 2 * (2 + 1)
6  6
7  >>> 10 / 0.5
8  20
9  >>> 2 ** 3
10 8
```

Nessa breve ilustração, foram empregados os operadores aritméticos usuais de adição +, multiplicação * e divisão /, além da exponenciação, com seu operador **. Observe que a sintaxe dessas operações admite o uso de parênteses para expressar a ordem do cálculo.

4.2. Scripts

Já aquilo que se chama **script** nada mais é que um arquivo de texto simples contendo o conjunto completo das expressões que serão processadas. Assim, o conjunto todo deve ser digitado para somente ao final passá-lo ao interpretador. Dessa forma, não há a interação passo a passo que se tem no modo interativo. Além disso, para exibir informações no console, é necessário empregar uma *função* específica da linguagem Python. Trata-se da função print().

Nota Técnica

Sempre que falarmos de funções, os parênteses estarão presentes logo após o nome da função, como no caso de print().

Vamos experimentar com as mesmas operações que fizemos no modo interativo. Para começar um script, crie um novo documento no IDLE (menu Arquivo / Novo Documento ou a combinação de teclas Ctrl N) e digite:

```
1  print(1 + 1)
2  print(2 * 2 + 1)
3  print(2 * (2 + 1))
4  print(10 / 0.5)
5  print(2 ** 3)
```

Ao terminar de digitar o script, você pode executá-lo. Para isso, aperte a tecla F5 . Deve aparecer uma caixa de diálogo que pede um nome para o script antes de iniciar a execução. É importante ter o script nomeado antes

PARA CONHECER Linguística Computacional

de executá-lo porque, se algo der errado e o computador travar, você perderá seu trabalho. Essa é, aliás, uma das principais vantagens do uso de scripts sobre o modo interativo: se você pretende reutilizar o programa, é muito melhor tê-lo pronto e gravado em disco do que ter de digitar tudo de novo a cada vez.

Assim que você informar o nome do arquivo, a extensão `.py`, que identifica os scripts do Python, será automaticamente acrescentada a ele.

Concluída a gravação, o script começa imediatamente a ser executado e os resultados serão mostrados no console. Quando a execução termina, o console volta a exibir o *prompt* (>>>), ou seja, retorna ao modo interativo, à espera de novas instruções. A partir daí, você pode voltar à janela do script para modificá-lo de alguma forma e executá-lo de novo, ou pode continuar a usar o console no modo interativo, como fizemos antes.

Como mencionamos, uma diferença importante entre os dois modos de programação em Python, interativo ou por scripts, reside na possibilidade de interação imediata, no caso dos "diálogos" com o console, em que é possível avaliar os resultados das operações passo a passo. Os scripts, por seu turno, oferecem a possibilidade de armazenamento, reutilização e aprimoramento dos programas. Os dois modos podem ser usados alternadamente, combinando as vantagens dos dois, o que é uma das qualidades do Python.

Neste livro, vamos usar o modo interativo para exibir informações e fazer testes de maneira mais direta e rápida. Sempre que as expressões forem precedidas pelo *prompt* do console (>>>), está sendo usado o modo interativo. Nossos programas principais, porém, serão todos feitos como scripts, em especial nos capítulos seguintes.

5. VARIÁVEIS E TIPOS DE OBJETOS

Podemos pensar nas variáveis como nomes associados a expressões de qualquer tipo: números, texto, resultados de operações etc. Tecnicamente, no Python, as variáveis são nomes de **objetos**, de que falaremos mais adiante. Existem regras para criar tais nomes. Eles devem:

1. Ser formados por letras e números, além do caractere _ (sublinhado)

2. Necessariamente começar por uma letra

Além disso, é desejável que o nome seja descritivo daquilo que a variável representa. Por exemplo, se uma variável está associada ao nome do autor de um texto, "autor" é um bom nome para ela; se representa os itens de uma lista, uma abreviação como "i" é bastante usual. Esta não é, obviamente, uma exigência técnica, mas uma conduta recomendável para facilitar a leitura e a compreensão dos programas.

5.1. Números inteiros e fracionários

Para ilustrar o uso de variáveis, vamos praticar com cálculos do Índice de Massa Corporal (IMC), que é dado pela divisão do peso pelo quadrado da altura de uma pessoa. Sua fórmula é, portanto, a seguinte:

$$IMC = \frac{peso}{altura^2}$$

Vamos resolver o problema usando o modo interativo.

```
>>> peso = 70
>>> altura = 1.70
>>> peso / (altura ** 2)
24.221453287197235
```

Antes de prosseguir, vamos a algumas observações. Você deve ter reparado que as variáveis `peso` e `altura` referem-se a objetos numéricos, cujos valores são 70 e 1,70, respectivamente. Não são informadas as unidades dessas grandezas, conhecidas por quilogramas e metros, somente seus valores, pois eles é que serão usados no cálculo.

Embora os valores 70 e 1,70 sejam ambos numéricos, o primeiro deles expressa um número **inteiro** (70), ao passo que o segundo, não. É muito importante observar que o **separador de decimais** no Python será sempre o **ponto**, não a vírgula. Os números inteiros são objetos identificados com o tipo `int` (de *integer*) em Python; os fracionários, sejam eles números racionais ou não, são do tipo `float` (de *floating point*, "**ponto flutuante**").

Por fim, na operação de cálculo, usamos parênteses para explicitar a conta que deve ser resolvida primeiro, que é a exponenciação, não a divisão. Se os parênteses fossem trocados, o resultado seria diferente:

```
1  >>> (peso / altura) ** 2
2  1695.5017301038065
```

Na verdade, o Python tem sua própria ordem de solução entre os diferentes operadores e, de acordo com ela, a exponenciação é sempre calculada antes da divisão. No entanto, é uma boa ideia sempre usar os parênteses porque, com eles, você não se arrisca a errar a ordem dos operadores. Além disso, eles facilitam a leitura do código, ao tornar explícita a operação de cálculo que recebe precedência.

Para saber o valor associado a uma variável, basta digitar seu nome:

```
1  >>> peso
2  70
```

Os valores atribuídos a uma variável podem ser mudados:

```
1  >>> peso = 100
2  >>> peso / (altura ** 2)
3  34.602076124567475
```

Como vimos anteriormente, uma variável serve para nomear uma expressão qualquer. Uma vez que nossa fórmula para cálculo do Índice de Massa Corporal é uma expressão, é possível atribuí-la a uma variável.

```
1  >>> imc = peso / (altura ** 2)
2  >>> imc
3  34.602076124567475
```

Veja que as variáveis `imc` e `altura` são do tipo `float`, pois referem-se a números de ponto flutuante, enquanto `peso` é do tipo `int`.

5.2. Sequências

As **sequências** são estruturas de dados **indexadas**, ou seja, caracterizadas por uma ordenação, ou ainda, em outras palavras, por posições fixas e identificadas de seus itens. A cada item é atribuído um **índice**, isto é, um número inteiro que representa sua posição na sequência. O primeiro item recebe sempre o índice 0. Os índices são representados entre colchetes diretamente após o nome da variável associada ao objeto. Vamos estudar inicialmente três tipos de sequências em Python: as **strings**, as **listas** e as **tuplas**.

5.2.1. STRINGS

Um tipo de objeto importantíssimo para o trabalho com dados de língua natural é o que se chama de **string** nas linguagens de programação. As strings são sequências ordenadas de caracteres que podem ser letras, números ou outros símbolos, como marcas de pontuação. Têm extensão variável, isto é, existem strings com diferentes tamanhos, de nenhum caractere (a chamada "string vazia") a muitos milhares, abarcando um livro inteiro.

As expressões correspondentes a strings devem ser colocadas entre aspas. Para o Python, as aspas podem ser indiferentemente simples ou duplas; neste livro, vamos preferir as simples.

```
1  >>> autor = 'Machado de Assis'
```

Vamos conhecer alguns métodos associados a um objeto do tipo string, especialmente aqueles frequentemente empregados no tratamento de textos:

```
1  >>> autor.upper()
2  'MACHADO DE ASSIS'
3  >>> autor.lower()
4  'machado de assis'
5  >>> autor.isalpha()
6  False
```

PARA CONHECER Linguística Computacional

Nota técnica

Como foi mencionado anteriormente, as variáveis em Python nomeiam **objetos**, que agora podemos definir sucintamente. Os objetos são implementações de **classes**. Estas, por sua vez, são conjuntos de **propriedades** e **métodos** definidos previamente. Elas podem fazer parte nativamente da própria linguagem Python ou ser importadas como módulos externos. As propriedades são valores de variáveis associadas especificamente ao objeto, e os métodos executam funções relacionadas diretamente ao objeto. Neste livro, veremos diversos exemplos de propriedades e métodos dos objetos do Python e de módulos externos.

Observe que os métodos utilizados terminam todos em parênteses vazios, isto é, em uma sequência de abertura e fechamento de parênteses sem qualquer caractere entre eles. Os parênteses servem para que sejam passados **argumentos** aos métodos e às funções. Em breve teremos exemplos de uso dos argumentos. No caso dos métodos aqui utilizados, os parênteses vazios indicam que não foram passados argumentos.

Os dois primeiros métodos, `upper()` e `lower()`, convertem a string inteira para letras maiúsculas e minúsculas, respectivamente. São métodos muito úteis quando se quer comparar strings ou fazer buscas no texto, como veremos no capítulo sobre tratamento de corpus. O terceiro método, `isalpha()`, verifica se todos os caracteres da string são letras, ou seja, caracteres alfabéticos. Se forem, o interpretador responde com `True`, indicando que a string é inteiramente composta de caracteres alfabéticos. Se houver um único caractere não alfabético, o resultado é `False`, como no caso da string `Machado de Assis`, em que os espaços em branco não são letras.

Outros métodos úteis são `startswith()` e `endswith()`, que testam, respectivamente, se uma string é iniciada ou terminada por uma sequência específica de caracteres.

Noções gerais de programação em Python

```
1 >>> autor.startswith('M')
2 True
3 >>> autor.startswith('m')
4 False
5 >>> autor.lower().startswith('m')
6 True
7 >>> autor.endswith('Assis')
8 True
```

Observe que esses métodos são sensíveis à diferença entre letras maiúsculas e minúsculas. O caractere inicial da string é `'M'` e não `'m'`. Sempre que fizer buscas ou comparações envolvendo informação textual, lembre-se de que é preciso levar em conta essa diferença. Uma forma de contornar o problema é converter a string inteira para minúsculas usando o método `lower()`.

As strings podem ser **concatenadas** (encadeadas em sequência) com o operador +:

```
1 >>> 'Joaquim Maria' + ' ' + autor
2 'Joaquim Maria Machado de Assis'
```

Foram concatenadas três strings: `'Joaquim Maria'`, um espaço em branco e `autor`, variável cujo valor é `'Machado de Assis'`. O motivo de se usar o espaço em branco é evitar que, após a concatenação, o final da primeira string fique "grudado" no início da string seguinte (o que resultaria em `'Joaquim MariaMachado de Assis'`). A interpolação do espaço em branco é muito usada na concatenação de strings.

Um item da string pode ser consultado diretamente ao se indicar o **índice** relativo a ele:

```
1 >>> autor[0]
2 'M'
3 >>> autor[2]
4 'c'
```

Índices negativos representam os itens contados a partir do final da sequência, sendo -1 o último item.

```
1  >>> autor[-1]
2  's'
3  >>> autor[-2]
4  'i'
```

Pode-se **segmentar a sequência** partindo de um índice qualquer até o final com o uso de dois pontos (:). Inversamente, se um índice for colocado depois dos dois pontos, ele significará um limite final para a sequência. Observe que o item cujo índice é colocado como limite final, depois dos dois pontos, não é exibido.

```
1  >>> autor[11:]
2  'Assis'
3  >>> autor[:2]
4  'Ma'
5  >>> autor[:-1]
6  'Machado de Assi'
7  >>> autor[8:-6]
8  'de'
```

5.2.2. LISTAS

As listas são sequências de dados, assim como as strings, mas, diferentemente destas, que são sequências constituídas exclusivamente de caracteres, as listas podem conter números (de qualquer tipo), strings ou qualquer outro tipo de objeto reconhecido pelo Python, inclusive outras listas.

No caso das strings, vimos que as aspas são usadas como caracteres delimitadores de início e fim. Nas listas, os delimitadores são colchetes. Além disso, os itens da lista são separados por vírgulas. Vamos a alguns exemplos.

```
1  >>> mutantes = ['Rita Lee', 'Arnaldo Baptista',
   ↪   'Sérgio Dias']
2  >>> primos = [2, 3, 5, 7, 11, 13, 17]
3  >>> meses_e_dias = [['jan', 31], ['fev', 28], ['mar',
   ↪   31]]
```

Uma pequena observação sobre o código anterior: nas expressões em Python deste livro, o símbolo ↪ serve para indicar que a linha em que ele aparece é a continuação da linha precedente.

Os itens da primeira lista são do tipo string; na segunda, são números inteiros; na terceira, os itens são listas. Quando uma lista é um item dentro de uma outra lista, como nesse caso, diz-se que ela é uma **sublista**. Cada sublista, por sua vez, tem seus próprios itens. A primeira sublista, por exemplo, tem como itens uma string (`'jan'`) e um número inteiro (31).

O **número de itens** de uma lista, assim como de qualquer estrutura de dados, pode ser conhecido com o uso da função `len()`.

```
>>> len(primos)
7
>>> len(meses_e_dias)
3
```

Assim como as strings, as listas são objetos indexados.

```
>>> mutantes[0]
'Rita Lee'
>>> meses_e_dias[-1]
['mar', 31]
```

Os índices podem ser usados para segmentar as listas, como fizemos com as strings.

```
>>> primos[:2]
[2, 3]
```

Se os itens da lista forem eles próprios objetos indexados (como strings ou sublistas), é possível ver os itens indexados desses objetos também, designados com colchetes adicionados após o índice da lista.

```
>>> mutantes[0][5:]
'Lee'
>>> meses_e_dias[-1][0]
'mar'
>>> meses_e_dias[-1][0][0]
```

PARA CONHECER Linguística Computacional

```
6  'm'
```

Porém, se o mesmo fosse feito com listas de objetos não indexados, como números inteiros, o interpretador acusaria um erro.

```
1 >>> primos[-1][0]
2 Traceback (most recent call last):
3   File "<pyshell#6>", line 1, in <module>
4     primos[-1][0]
5 TypeError: 'int' object is not subscriptable
```

As listas são objetos **mutáveis**: pode-se alterar, acrescentar ou excluir itens. Por ora, vamos ver somente como se faz para alterar e acrescentar itens à lista. A alteração se faz através da identificação pelo índice do item a ser modificado:

```
1 >>> mutantes[2] = 'Sérgio Dias Baptista'
2 >>> mutantes
3 ['Rita Lee', 'Arnaldo Baptista', 'Sérgio Dias
  ↪  Baptista']
```

O acréscimo de itens pode ser feito de duas formas. A mais usual é pelo método `append()`, mas é possível, também, usar o operador de concatenação +, exatamente como fizemos anteriormente com as strings. Nesse caso, observe que o item acrescentado tem de ser ele próprio uma lista (daí os colchetes em `[23]`).

```
1 >>> primos.append(19)
2 >>> primos
3 [2, 3, 5, 7, 11, 13, 17, 19]
4 >>> primos + [23]
5 [2, 3, 5, 7, 11, 13, 17, 19, 23]
```

5.2.3. TUPLAS

Tuplas são sequências semelhantes às listas. Agrupam ordenadamente itens que podem ser de diferentes tipos (números, strings, listas...), cada qual com seu índice. Diferentemente das listas, porém, as tuplas são objetos **imutáveis**: uma vez criadas, nem os itens nem sua ordenação na sequência podem ser alterados, embora seja possível acrescentar novos itens com o uso do operador de concatenação (+). Podemos pensar nas tuplas como listas que servem somente à leitura, não à escrita ou alteração de dados.

As tuplas são delimitadas por parênteses, com os itens separados entre si por vírgulas.

```
1  >>> romance = ('Vidas Secas', '1938')
2  >>> ano = romance[1]
3  >>> ano
4  '1938'
```

É muito comum usar listas de tuplas.

```
1  >>> romances_Graciliano = [('Caetés', '1933'), ('São
   ↪  Bernardo', '1934'), ('Angústia', '1936'), ('Vidas
   ↪  Secas', '1938')]
2  >>> romances_Graciliano[1]
3  ('São Bernardo', '1934')
```

5.3. Conjuntos

Nos conjuntos, os dados são agrupados **sem ordenação nem repetição**. Portanto, os conjuntos não são sequências e, consequentemente, seus itens não são indexados (como nas listas, strings e tuplas) e são únicos, isto é, o conjunto não guarda elementos duplicados. Por conta disso, são muito utilizados como filtros para ocorrências repetidas de outras estruturas de dados, como as listas. É fácil transformar uma outra estrutura em um conjunto a fim de eliminar seus itens repetidos. Eis a seguir um exemplo com uma lista.

```
1  >>> numeros = [1, 1, 2]
2  conjunto = set(numeros)
3  >>> conjunto
4  {1, 2}
```

PARA CONHECER Linguística Computacional

Observe, na última linha, que os delimitadores dos conjuntos são as chaves.

Como um conjunto no sentido matemático do termo, em Python existem **operações** envolvendo conjuntos: a **união** (|), a **intersecção** (&) e a **diferença** (−).

```
1 >>> pares = {2, 4, 6, 8}
2 >>> primos = set(primos)
3 >>> uniao = primos | pares
4 >>> uniao
5 {2, 3, 4, 5, 6, 7, 8, 11, 13, 17, 19, 23}
6 >>> interseccao = primos & pares
7 >>> interseccao
8 {2}
9 >>> primos - pares
10 {3, 5, 7, 11, 13, 17, 19, 23}
11 >>> pares - primos
12 {8, 4, 6}
```

Nas operações de união e intersecção, a ordem de declaração dos conjuntos não importa, ou seja, tanto faz escrever A|B ou B|A, por exemplo. Na operação de diferença, entretanto, a ordem de declaração influencia o resultado.

5.4. Dicionários

Ao pensar num dicionário tradicional, temos em mente uma espécie de lista de palavras ordenadas alfabeticamente, na qual cada palavra está associada à definição de seu significado. Um dicionário do Python também funciona como um **mapeamento** entre uma **chave**, que é como a palavra a ser definida num dicionário tradicional, e um **valor** associado a ela, que é como a definição da palavra no dicionário tradicional. Assim, cada par chave–valor representa um **item** do dicionário. A chave e seu valor devem ser separados por dois pontos (:) na criação do dicionário. Os itens (cada par chave–valor) são separados por vírgulas. Os delimitadores dos dicionários são as chaves: { }.

Noções gerais de programação em Python

```
1  >>> romances = {'Dom Casmurro': ('Machado de Assis',
   ↪  1899), 'A Maçã no Escuro':
2  ('Clarice Lispector', 1961), 'São Bernardo':
   ↪  ('Graciliano Ramos', 1934)}
3  >>> romances['Dom Casmurro']
4  ('Machado de Assis', 1899)
5  >>> romances['Dom Casmurro'] = ('Machado', 1899)
6  >>> romances['Dom Casmurro']
7  ('Machado', 1899)
```

Nesse pequeno dicionário de três itens, as chaves são strings que informam os títulos das obras. Os respectivos valores mapeados são tuplas, que contêm duas informações: o nome do autor e o ano de criação da obra. Para consultar os valores associados a uma chave qualquer, deve-se digitar o nome do dicionário e passar a informação da chave desejada entre colchetes. Por fim, pode-se trocar o valor mapeado pela chave, atribuindo um novo valor diretamente à chave com o uso do operador =, mas não é possível trocar a própria chave. As chaves têm de ser tipos *imutáveis*, isto é, strings ou tuplas, ou, menos comumente, números, mas jamais os tipos mutáveis de dados, como as listas; os valores associados às chaves podem ser de qualquer tipo. Os dicionários não são sequências, o que significa que as chaves não são automaticamente ordenadas de forma previsível, nem mesmo na ordem em que você digita os dados. Caso seja necessário, porém, é simples ordenar o dicionário de acordo com qualquer critério à escolha do programador, como veremos mais adiante.

Para incluir um novo item no dicionário, deve-se declarar diretamente o nome da variável do dicionário seguida do nome da nova chave entre colchetes, além do valor associado à chave.

```
1  >>> romances['Perto do Coração Selvagem'] = ('Clarice
   ↪  Lispector', 1943)
2  >>> romances
3  {'Perto do Coração Selvagem': ('Clarice Lispector',
   ↪  1943), 'A Maçã no Escuro': ('Clarice Lispector',
   ↪  1961), 'Dom Casmurro': ('Machado', 1899), 'São
   ↪  Bernardo': ('Graciliano Ramos', 1934)}
```

Você deve ter reparado que essa forma da declaração para inclusão de itens é idêntica àquela da modificação de valores associados às chaves. A diferença é que, na inclusão, a chave é nova, ao passo que a modificação de valores se dá usando uma chave já existente no dicionário.

Se for feita menção a uma chave inexistente no dicionário, uma mensagem de erro de chave (`KeyError`) é gerada, semelhante a esta que vem a seguir.

```
>>> romances['Desconhecido']
Traceback (most recent call last):
  File "<pyshell#4>", line 1, in <module>
    romances['Desconhecido']
KeyError: 'Desconhecido'
```

É possível consultar separadamente as chaves e os valores de um dicionário.

```
>>> romances.keys()
dict_keys(['Perto do Coração Selvagem', 'A Maçã no
    Escuro', 'Dom Casmurro', 'São Bernardo'])
>>> romances.values()
dict_values([('Clarice Lispector', 1943), ('Clarice
    Lispector', 1961), ('Machado', 1899), ('Graciliano
    Ramos', 1934)])
```

6. CONTROLE DO FLUXO DE EXECUÇÃO

A maioria dos programas de computador vem preparada para executar partes do código somente se certas **condições** indicadas pelo programador forem satisfeitas. Isso significa que o código deve conter instruções relacionadas ao **teste lógico** de tais condições e, de acordo com o resultado do teste, ao que fazer em cada caso. Vamos começar tratando dos testes.

6.1. Testes lógicos

Um teste lógico é como uma pergunta a ser respondida com "sim" ou "não". Quando a resposta é afirmativa, o resultado é *verdadeiro*, representado em Python por `True`; quando a resposta é negativa, o resultado é *falso*, representado por `False`.

A forma típica de um teste lógico são duas expressões separadas por um **operador de comparação**. Tais operadores correspondem às noções de **igualdade** e **diferença**. São os seguintes:

$$x \text{ == } y \quad x \text{ e } y \text{ são iguais}$$
$$x \text{ != } y \quad x \text{ e } y \text{ são diferentes}$$
$$x > y \quad x \text{ é maior que } y$$
$$x < y \quad x \text{ é menor que } y$$
$$x >= y \quad x \text{ é maior ou igual a } y$$
$$x <= y \quad x \text{ é menor ou igual a } y$$

Alguns exemplos de testes lógicos usando operadores de comparação vêm a seguir. Repare especialmente nas últimas linhas, em que o resultado de um teste é atribuído à variável `resultado`. Essa variável, cujo valor é `True`, é um novo tipo de dado, chamado **booleano**. Esses objetos só podem ter dois valores: `True` ou `False`.

```
1  >>> 1 == 1
2  True
3  >>> 1 == 2
4  False
5  >>> 1 < 2
6  True
7  >>> resultado = 1 < 2
8  >>> resultado
9  True
```

O Python reconhece também o **operador de inclusão** `in`, que ilustraremos usando uma string e uma lista já definidas anteriormente, `autor` e `mutantes`. Os testes lógicos que faremos serão representados por buscas de expressões possivelmente inclusas em strings e listas. Em outras palavras, testaremos se uma substring faz parte da string e se um item faz parte da lista.

```
1  >>> 'de' in autor
2  True
3  >>> 'Rita Lee' in mutantes
4  True
5  >>> 'Lee' in mutantes
6  False
7  >>> 'Lee' in mutantes[0]
8  True
```

Repare que, no caso das listas, somente o item completo (no exemplo, `'Rita Lee'`) é considerado parte dela. No último exemplo, o que está sendo testado não é se `'Lee'` faz parte da lista `mutantes`, mas se faz parte de um determinado item dessa lista, que é especificamente o de índice 0, ou seja, o primeiro (`'Rita Lee'`). Como a lista `mutantes` é composta de strings, a expressão testa se `'Lee'` faz parte de `'Rita Lee'`. O resultado é verdadeiro.

Há, por fim, três **operadores lógicos** em Python: `not`, `and` e `or`. O operador `not` inverte o valor de verdade de uma dada expressão; `and` e `or` são usados em testes envolvendo a avaliação de duas ou mais expressões. Testes com o operador `and` só resultam em verdadeiro quando ambas as expressões forem verdadeiras. Já para o operador `or`, basta que uma das expressões seja verdadeira para que o resultado do teste também seja.

```
1  >>> not True
2  False
3  >>> not not True
4  True
5  >>> (1 == 1) and (1 != 2)
6  True
7  >>> (1 == 1) or (1 != 1)
8  True
```

6.2. Condicionais

As expressões **condicionais** são aquelas que traduziríamos para o português em orações com *se... então...* Em Python, isso se escreve da seguinte maneira:

```
if <condição>:
    <bloco de execução>
```

Aquilo que vem em seguida a `if` é chamado de **condição**. O delimitador da condição são os dois pontos (`:`). Na linha seguinte, com um *avanço obrigatório do tabulador* (ou **indentação**, como se diz no jargão da programação), vem o **bloco de execução**. Este nada mais é que uma sequência de expressões que só serão executadas pelo interpretador se a condição for verdadeira.

O bloco de execução pode ter diversas expressões, uma por linha, todas obedecendo à mesma indentação, isto é, todas com a mesma distância da margem esquerda. Por padrão, essa distância é de quatro espaços em branco por tabulação e sugerimos mantê-la. Uma vez iniciado o bloco indentado com a medida de quatro espaços, muito cuidado para não alterar esse número. Ainda que visualmente semelhante, um desvio mínimo na indentação (três ou cinco espaços, digamos) fará com que o interpretador acuse um erro de indentação e impeça a execução do código.

```
>>> titulo = 'Dom Casmurro'
>>> if titulo in romances:
        print('Romance encontrado.')
        print('Autor: ', romances[titulo][0])
        print('Ano: ', romances[titulo][1])


Romance encontrado.
Autor:  Machado de Assis
Ano:  1899
```

Nesse exemplo, criamos uma string `'Dom Casmurro'`. A seguir, usamos a condicional `if` para saber se ela faz parte das *chaves* do dicionário `romances`. É importante marcar que, com `in`, estamos procurando nas

PARA CONHECER Linguística Computacional

chaves, não nos valores do dicionário (veja a dica a seguir). Se a expressão for encontrada, incia-se o bloco de execução associado à condicional, com a sequência de três funções `print()`. Quando é executada esta função:

```
1  print('Autor: ', romances[titulo][0])
```

a variável `titulo` é substituída pela string `'Dom Casmurro'`, de maneira que a instrução completa é interpretada como

```
1  print('Autor: ', romances['Dom Casmurro'][0])
```

Observe esse `[0]` no final da expressão. Ele representa o índice 0 de uma sequência, ou seja, o valor inicial da sequência. Mas de que sequência se trata? Sabemos que `romances['Dom Casmurro']` resultaria no valor associado a essa chave (`'Dom Casmurro'`) no dicionário. Esse valor corresponde à tupla (`'Machado', 1899`). Então, o índice 0 a seguir refere-se ao valor inicial dessa tupla, ou seja, `'Machado'`. Na linha seguinte, `romances[titulo][1]` refere-se ao segundo item da mesma tupla, `1899`.

> ### Dica
>
> Quando se procura alguma coisa num dicionário com o operador de inclusão `in`, o resultado é positivo (resulta em `True`) somente quando a expressão buscada faz parte das chaves do dicionário. Se a expressão não for uma das chaves, ainda que esteja entre os *valores* do dicionário, o operador de inclusão retornará um valor `False`.
>
> ```
> 1  >>> romances['São Bernardo']
> 2  ('Graciliano Ramos', 1934)
> 3  >>> 'São Bernardo' in romances
> 4  True
> 5  >>> 'Graciliano Ramos' in romances
> 6  False
> ```

O Python oferece a possibilidade de testar outras condições em cascata, caso a primeira não seja satisfeita. Elas são feitas com as cláusulas `elif` e `else`, que devem ser escritas no mesmo nível de indentação que o `if` a que se referem. A forma da cláusula `elif` é muito parecida com a de `if`, pois ela também apresenta uma nova condição a ser testada e um bloco de execução a ser interpretado caso ela seja satisfeita. Diferentemente de `if`, entretanto, não há limite teórico para o número de cláusulas `elif` que um programa pode incluir. Já o bloco iniciado por `else` só é executado nos casos em que nenhuma das condições anteriores é satisfeita.

```
1  >>> ano = romances[titulo][1]
2  >>> if ano < 1901:
3          print('Romance anterior ao século XX.')
4  elif (ano >= 1901) and (ano <= 2000):
5          print('Romance do século XX.')
6  else:
7          print('Romance do século XXI.')
8
9
10 Romance anterior ao século XX.
```

No código acima, contrariamente ao que pode parecer, `if`, `elif` e `else` estão no mesmo nível de indentação. A razão de `if` parecer mais avançado é que a margem esquerda de sua linha começa depois do sinal de prompt (>>>).

6.3. Loops

Frequentemente é preciso que uma mesma parte do programa seja executada diversas vezes. Pense num programa simples que converta todas as palavras de um texto para letras maiúsculas. A operação a executar é sempre a mesma, só o que mudam são os dados, isto é, as palavras. Dá-se o nome de **iteração** ou **loop** ("laço") a cada passagem por esse bloco de código repetidamente executado.

6.3.1. LOOPS COM FOR

Uma das formas de controlar as iterações é limitá-las à extensão de um **objeto iterável**: *listas*, *tuplas*, *strings* (ou seja, todas as sequências), além dos *dicionários* e dos *arquivos*, de que falaremos no próximo capítulo. Tais objetos têm como característica a possibilidade de responder com um de seus itens a cada vez que se executa sobre eles uma função iterativa.

Quando se deseja criar um loop que deve percorrer todos os itens de um objeto iterável, usa-se uma declaração do tipo:

```
for <variável> in <iterável>:
    <bloco de execução>
```

A declaração é, portanto, composta em várias linhas, assim como no caso das condicionais com `if`. Aqui, ela é iniciada por `for`, mais um nome de variável, mais o operador de inclusão `in`, o objeto iterável a ser percorrido pelo loop e, no final, os dois pontos que separam a declaração do início do bloco de execução. Você deve se lembrar que, na declaração das condicionais, essa primeira linha também termina com dois pontos, antes de vir o bloco tabulado de execução.

Vamos a alguns exemplos.

```
>>> primos = [2, 3, 5, 7, 11]
>>> for i in primos:
        print(i, i**2)


2 4
3 9
5 25
7 49
11 121
```

O loop percorre a lista `primos`, cujos itens são atribuídos iterativamente à variável `i`, isto é, `i` está associada a um item da lista `primos` a cada vez. O tipo de objeto recebido por essa variável é o mesmo dos itens da lista, que são números inteiros. No bloco de execução, a função `print()`

é executada tantas vezes quanto houver itens na lista, exibindo o item da vez na iteração (i), que é um número, seguido do quadrado desse número (i**2).

Um tipo especial de objeto iterável muito usado nas declarações com for é range(). Trata-se de sequências fixas de números com três propriedades definidas: o *início*, o *fim* e o *intervalo*. Dessas três, somente o fim deve ser obrigatoriamente declarado. O início e o intervalo, quando omitidos, recebem os valores default 0 e 1, respectivamente.

```
1  >>> for i in range(5):
2          print(i)
3
4
5  0
6  1
7  2
8  3
9  4
```

Observe que o último número da sequência declarada por range(5) é 4, mas a sequência é composta por cinco itens, começando por 0 e com o intervalo 1 entre os números, ambos valores defaults.

Quando são declarados dois valores para range(), o primeiro representa o início e o segundo, o fim da sequência.

```
1  >>> for i in range(5, 10):
2          print(i)
3
4
5  5
6  6
7  7
8  8
9  9
```

O terceiro valor corresponde à declaração do intervalo, que só faz sentido se for diferente de 1. Valores negativos também podem ser usados. Nessas situações, deve-se tomar o cuidado de declarar um valor de início maior que o valor final.

```
>>> for i in range(10, 0, -2):
        print(i)


10
8
6
4
2
```

6.3.2. LOOPS COM WHILE

Até agora, os loops que estudamos percorrem a totalidade dos itens de um objeto iterável. Há casos, porém, em que o loop deve ser executado somente enquanto uma dada condição for verdadeira. Tais declarações são feitas com `while`:

```
while <condição>:
    <bloco de execução>
```

O exemplo a seguir usa um **contador** de números inteiros e incrementa seu valor a cada loop do bloco de execução.

```
>>> contador = 1
>>> soma = 0
>>> while contador <= 5:
        soma += contador
        print(contador, soma)
        contador += 1


1 1
2 3
3 6
4 10
5 15
```

O contador é representado por uma variável declarada fora do loop, que recebe inicialmente o valor 1. Igualmente declarada fora do loop está a variável `soma`, cuja função é calcular a soma acumulada (somatória) dos valores atribuídos ao contador em cada execução do loop. É fácil perceber que, a cada linha exibida na tela, esse valor é a soma de todos os valores anteriores.

Dentro do loop há duas linhas em que usamos pela primeira vez o **operador de soma e atribuição** +=. Ele serve para somar um valor ao valor já atribuído a uma variável, atribuindo o produto como novo valor à mesma variável. Sua declaração tem a forma:

```
<variável> += <valor a somar>
```

No exemplo seguinte, depois de criar um contador iniciando em 0 e atribuí-lo a `i`, usamos `while` para percorrer um objeto iterável: a lista `mutantes`, que criamos anteriormente. A fim de demonstrar mais facilmente a execução do código dentro e fora do bloco de loop, vamos usar o modo script dessa vez. Depois de digitado o código completo, lembre-se de que você deve usar a tecla de atalho [F5] para gravá-lo (se ainda não tiver sido gravado) e executá-lo.

```
mutantes = ['Rita Lee', 'Arnaldo Baptista', 'Sérgio
   ↪   Dias Baptista']
i = 0
while mutantes[i] != 'Sérgio Dias Baptista':
    print(mutantes[i], 'não é Sérgio Dias Baptista.')
    i += 1

print('Fim do loop.')
if mutantes[i] == 'Sérgio Dias Baptista':
    print('Sérgio Dias Baptista encontrado!')
```

Observe que a função `print()` que marca o fim do loop aparece à margem, sem indentação. Isso significa que ela não faz parte do bloco de loop e que, portanto, será executada somente ao final deste, assim como a condicional que vem a seguir, com `if`.

> ### Dica
>
> Cuidado ao lidar com os loops com `while`! Se a condição apresentada na declaração sempre for satisfeita, o programa jamais sai do bloco de execução e, consequentemente, nunca termina. É o que se chama de **loop infinito**. Quando isso acontece, o interpretador do Python não devolve o controle ao usuário, ou seja, você não voltará a ver o *prompt* depois de iniciada a execução do programa. Se desconfiar que o programa entrou em loop infinito, aperte a combinação de teclas Ctrl C para forçar a interrupção da execução.

7. FILTRAGEM DE DADOS

Tendo chegado a este ponto, cobrimos os principais fundamentos da linguagem Python: como atribuir valores a variáveis, fazer operações aritméticas básicas, trabalhar com as diferentes estruturas de dados, usar condicionais e loops para controlar o fluxo de execução. Agora vamos aplicar esses conhecimentos em formas mais avançadas de manipulação de dados, a começar pela **filtragem**.

Filtrar dados significa selecioná-los por meio da aplicação de algum **critério**. Vimos um primeiro tipo de filtragem de dados quando tratamos dos conjuntos, que são usados para eliminar itens repetidos de listas, tuplas etc. Também já fizemos segmentações de sequências como outra forma de selecionar dados, escolhendo só uma parte contínua dentro de uma sequência: uma substring, uma sublista etc.

A forma mais comum de filtragem, no entanto, é criar uma nova lista com dados selecionados de uma lista já existente.

```
1  mutantes = ['Rita Lee', 'Arnaldo Baptista', 'Sérgio
   ↪  Dias Baptista']
2  irmaos = list()
3
4  for i in mutantes:
```

Noções gerais de programação em Python

```
5    if 'Baptista' in i:
6        irmaos.append(i)
```

O que esse pequeno script faz é percorrer cada item da lista `mutantes` e verificar se a sequência `'Baptista'` está contida nele. Se estiver, o item é acrescentado à lista `irmaos`, que só contém itens que satisfazem ao critério especificado. Esse script não exibe dados na tela, mas, se você quiser ver o resultado da lista filtrada, basta executar o script (pressione F5 quando terminar de digitar o código) e, ao final da execução, digitar `irmaos` no prompt do console.

Atente para a função `list()` na segunda linha. Ela atribui à variável `irmaos` uma **lista vazia**. Pode parecer estranha a ideia de se ter uma lista que não contém nada, mas a razão para criá-la é que o método `append()` só pode ser aplicado a uma lista já existente, mesmo que seja vazia.

A fim de filtrar dados da lista `mutantes` e atribuir o resultado a uma nova lista como fizemos no último exemplo, foi preciso escrever um pequeno conjunto de linhas de código – quatro linhas, precisamente. Embora isso não seja difícil, existe um poderoso recurso em Python que permite produzir exatamente o mesmo resultado com uma única linha de código. Se isso representa uma economia interessante num caso simples como o que acabamos de produzir, imagine o impacto em um script volumoso e complexo. Esse recurso é a **compreensão de listas**. A ideia é gerar uma lista a partir de operações de seleção ou da aplicação de funções em objetos iteráveis (listas, tuplas, dicionários...).

A forma geral de sua declaração é a seguinte:

```
1   [<var saída> for <var iter> in <iterável> if
    ↪   <critério>]
```

Vamos descrevê-la passo a passo, começando por

```
1   [for <var iter> in <iterável>]
```

A `<var iter>` é a variável ou as variáveis que representam itens do objeto `<iterável>`. Este pode ser uma lista, uma tupla etc. Você deve ter notado que a forma da declaração é bastante semelhante à de uma declaração `for`.

Já `<var saída>` são variáveis que vão compor a lista resultante. As mesmas variáveis ou parte das variáveis em `<var iter>` têm de estar representadas aqui.

Por fim, a parte relacionada à condicional, a partir de `if`, é opcional. Quando presente, corresponde à filtragem dos dados de acordo com o critério estabelecido pela condicional.

Vamos a alguns exemplos.

```
1  >>> [i for i in mutantes]
2  ['Rita Lee', 'Arnaldo Baptista', 'Sérgio Dias
   ↪  Baptista']
3  >>> [i.upper() for i in mutantes]
4  ['RITA LEE', 'ARNALDO BAPTISTA', 'SÉRGIO DIAS
   ↪  BAPTISTA']
5  >>> [i for i in mutantes if 'Baptista' in i]
6  ['Arnaldo Baptista', 'Sérgio Dias Baptista']
```

Como se vê, o primeiro caso é uma simples iteração pelos itens da lista. A variável de saída `i` é a mesma que identifica os itens da lista. No segundo caso, a variável `i` também é a mesma em suas duas instâncias, mas a lista resultante exibe as strings em letras maiúsculas, pois o método `upper()` é aplicado somente à primeira instância da variável, que identifica a saída de dados. O terceiro caso, incorporando uma condicional, representa a filtragem de lista que havíamos feito com um loop `for` anteriormente.

Vejamos mais um caso em que as variáveis de saída e de iteração não são idênticas. Vamos retomar uma lista de tupla com que já trabalhamos e usar a compreensão de listas para escolher somente o que nos convém exibir.

```
1  >>> romances_Graciliano = [('Caetés', '1933'), ('São
   ↪  Bernardo', '1934'), ('Angústia', '1936'), ('Vidas
   ↪  Secas', '1938')]
2  >>> [titulo for (titulo, ano) in romances_Graciliano]
3  ['Caetés', 'São Bernardo', 'Angústia', 'Vidas Secas']
4  >>> [titulo for (titulo, ano) in romances_Graciliano
   ↪  if ano == '1938']
```

```
5  ['Vidas Secas']
```

8. FUNÇÕES DEFINIDAS PELO PROGRAMADOR

Até este momento, as funções que usamos são todas da chamada **biblioteca padrão** do Python, isto é, funções que fazem parte do conjunto de recursos oferecidos pela linguagem, tais como `print()` ou `len()`. Como são funções *internas* da linguagem, elas formam um conjunto mínimo sempre à disposição do programador, a partir do instante em que se lança o IDLE. Com elas e mais os outros componentes da linguagem que já conhecemos, é possível escrever virtualmente qualquer tipo de programa.

No dia a dia de um programador, entretanto, há muitas tarefas recorrentes e semelhantes entre si. Operações como abrir um arquivo de texto, ler e organizar as informações ali contidas, são frequentes o bastante a ponto de justificar a criação de blocos de código prontos para utilizar. Além disso, muitos problemas são solucionados de forma mais simples e concisa pela criação de funções específicas, o que também facilita a leitura, a correção e o aprimoramento do programa. Por essas razões, necessitamos criar nossas próprias funções.

8.1. Funções nomeadas

Vamos começar pelas funções que recebem um nome específico criado pelo programador. A definição de uma função tem diferentes formas, a depender de duas características: (1) se a função recebe argumentos; (2) se a função retorna valores.

O caso mais simples é aquele em que a função não recebe argumentos e não retorna valores.

```
1  def <nome_da_função>():
2      <bloco de execução>
```

Observe os parênteses entre o nome da função e os dois pontos. Eles não podem ser omitidos na definição. Nas funções que recebem argumentos, os parênteses servem para separá-los do nome da função e identificá-los, como veremos logo mais. Mesmo nas funções como as que estamos considerando agora, porém, os parênteses têm de estar presentes, ainda que vazios. Vejamos um exemplo de uma função desse tipo.

```
1 >>> def limpa_tela():
2     for i in range(50):
3         print()
```

Note que há duas indentações na linha da função `print()`. Isso porque ela faz parte do bloco de execução da declaração `for` que, por sua vez, é parte do bloco de execução da função `limpa_tela`, que estamos definindo.

Para chamar essa função, depois de defini-la, basta digitar:

```
1 >>> limpa_tela()
```

ou seja, o nome da função seguido de parênteses vazios. Você vai notar que é a mesma forma que usamos na função `print()`, que também leva parênteses vazios nesse exemplo. Quando `print()` é usada assim, aquilo que se exibe na tela do console é uma linha em branco. Dessa maneira, a função que acabamos de definir "limpa a tela" exibindo cinquenta linhas em branco, o que faz rolar o texto existente no console para cima.

As funções podem ser usadas tanto no modo interativo, como acabamos de fazer, quanto nos scripts. Qualquer que seja o caso, elas têm de ser obrigatoriamente definidas antes que se possa usá-las. Uma particularidade com os scripts é que a definição de uma função é ignorada pelo interpretador quando se começa a rodar o programa e só é executada quando a função é chamada explicitamente. O exemplo a seguir foi escrito no modo script. Repare que a definição da função ocupa as primeiras linhas do código. É sempre aí, no início, que devem ser definidas as funções.

```
1  def limpa_tela():
2      for i in range(50):
3          print()
4
5  print('Até este momento, a função limpa_tela() não foi
   ↪  executada.')
6  limpa_tela()
7  print('Agora já foi.')
```

Passemos às funções que recebem argumentos.

```
1  def <nome_da_função>(<par 1>, <par 2>...):
2      <bloco de execução>
```

A diferença entre essa declaração e a anterior é o conjunto de **parâmetros** identificados por $< par1 >, < par2 > \ldots$ Cabe aqui um pequeno esclarecimento sobre os termos usados. "Parâmetros" e "argumentos" são muitas vezes tomados por sinônimos por se referirem, ambos, a valores passados e recebidos pelas funções, mas existe uma diferença importante entre eles. **Argumento** é o nome que se dá a valores passados quando da chamada da função, enquanto o **parâmetro** faz parte da definição da função e é usado internamente à função, como parte de seu bloco de execução. Alguns exemplos tornarão a distinção mais clara.

```
1  >>> def sucessor(x):
2          print(x + 1)
3
4
5  >>> sucessor(1)
6  2
```

Essa função espera receber um único argumento, que deve ser um número inteiro. Internamente, ela executa a soma com o valor do argumento e mostra o resultado no console. Na chamada da função, note que os parênteses não estão mais vazios, pois informam o valor que é passado como argumento (1, no exemplo).

PARA CONHECER Linguística Computacional

```
1  >>> def soma(x, y):
2         print(x + y)
3
4
5  >>> a = 1
6  >>> b = 2
7  >>> soma(a, b)
8  3
9  >>> x
10 Traceback (most recent call last):
11   File "<pyshell#22>", line 1, in <module>
12     x
13 NameError: name 'x' is not defined
```

Nesse exemplo, definimos uma função de nome `soma()` com dois parâmetros, `x` e `y`. Quando houver mais de um parâmetro na função, eles devem ser declarados separados por vírgulas. O que essa função faz é somar os valores recebidos e exibir o resultado no console. Nas linhas seguintes, atribuímos a duas variáveis, a e b, os valores 1 e 2, respectivamente. Essas variáveis foram passadas como argumentos à função `soma()`.

Agora a diferença entre parâmetros e argumentos pode tornar-se mais clara: os argumentos representam *valores* que são passados à função, enquanto os parâmetros são variáveis *internas* à função, que são desconhecidas fora desse escopo delimitado – daí o erro quando se usa a variável `x` fora da função. Diz-se que essa é uma **variável local** da função. Nada impediria que definíssemos uma variável com esse nome fora do escopo da função para evitar o erro, mas essa seria uma outra variável `x`, nada tendo a ver com o parâmetro da função. Para evitar confusões, é fortemente recomendável não dar o mesmo nome a uma variável local, que identifica um parâmetro, e a uma **variável global**, isto é, uma que seja válida em toda parte do código e que pode ser usada como argumento para qualquer função. Em nosso exemplo anterior, a e b são variáveis globais. Insistindo nessa importante distinção, procure executar o script a seguir e observe o comportamento da variável `x`.

```
1  def local_global(x):
2      print('Primeiro valor de x dentro da função: ', x)
3      x = 10
```

Noções gerais de programação em Python

```
4       print('Segundo valor de x dentro da função: ', x)
5
6   x = 0
7   print('Valor de x fora da função: ', x)
8   local_global(x)
9   print('Valor de x fora da função: ', x)
```

Por fim, existem as funções que recebem argumentos e que retornam valores. Estas são as que mais se aproximam do conceito matemático de função: um mapeamento entre um conjunto de dados de entrada (argumentos, no Python) e um conjunto de dados de saída (os valores retornados pela função). As declarações têm esta forma:

```
1   def <nome_da_função>(<par 1>, <par 2>...):
2       <bloco de execução>
3
4       return <resultado>
```

Pode parecer que `return <resultado>` é a única novidade nessa definição, mas há mais que isso. Considere o código a seguir, que implementa a função `suc()`, uma nova versão da função `sucessor()`, que acabamos de ver.

```
1   >>> def suc(x):
2           return x + 1
3
4
5   >>> sx = suc(1)
6   >>> sx
7   2
8   >>> suc(suc(1))
9   3
```

Dessa vez, a função não exibe diretamente os resultados na tela. Ao invés disso, ela retorna o valor presente na declaração `return`, que é `x + 1`. Ao chamar uma função desse tipo, você pode atribuir esse resultado a uma variável global de seu programa, como se faz ali com `sx`. Isso oferece muito mais possibilidades de manipulação dos dados ao programador do que se a função se limitasse a exibir informações na tela diretamente. Uma vez que

53

PARA CONHECER Linguística Computacional

o valor retornado tenha sido atribuído a uma variável, há uma infinidade de maneiras de usá-lo – incluindo sua exibição na tela, se assim se desejar. Um exemplo dessa flexibilidade trazida pelas funções que retornam valores é a possibilidade de usá-las **recursivamente**, isto é, usar a função como argumento de uma aplicação dela mesma. É o que se vê em `suc(suc(1))`.

8.2. Funções anônimas (lambda)

As funções definidas pelo programador que acabamos de estudar são nomeadas e depois chamadas de alguma parte do código posterior à sua definição. No Python, existem também funções anônimas, as **funções lambda**. Elas prescindem de declaração explícita com `def` e devem ser escritas numa única linha de código. A forma de sua declaração é:

```
1  lambda <par 1>, <par 2>...: <expressão>
```

Segue um exemplo de sua aplicação:

```
1  >>> composto = lambda p1, p2: p1 + '-' + p2
2  >>> print(composto('beija', 'flor'))
3  beija-flor
```

Os nomes de variáveis correspondentes aos parâmetros são locais à função lambda, assim como nas definições das funções nomeadas. Dessa forma, as variáveis `p1` e `p2` não figuram em outras partes do código além da linha da declaração da expressão lambda. Os parâmetros, em uma expressão lambda, são opcionais, como nas declarações de funções nomeadas.

Diante do exemplo que acabamos de ver, você pode estar se perguntando se o mesmo resultado da função lambda não poderia ter sido produzido com uma função nomeada como esta:

```
1  def composto(p1, p2):
2      return p1 + '-' + p2
3
4  >>> print(composto('beija', 'flor'))
5  beija-flor
```

A resposta é afirmativa. Então, por que usar mais um tipo de função? A razão é que, em certas situações, precisamos de funções simples, de aplicação pontual. Em geral, essa necessidade surge quando se quer usar uma função como *argumento de outras funções* (estas, sim, nomeadas). Nesses casos, é frequentemente mais fácil usar uma função lambda e ter argumentos e operações todos declarados em uma única linha de código. Essa é a única situação em que vamos usar as funções lambda neste livro; em todas as outras, usaremos as funções nomeadas que já conhecemos.

Na próxima seção, ao falar dos *dicionários default*, vamos começar a estudar aplicações das funções lambda como argumento de funções nomeadas.

9. MÓDULOS EXTERNOS

Os **módulos** nada mais são que arquivos com a extensão .py, contendo scripts do Python em que são declaradas funções e, em alguns casos, atribuídos valores a variáveis. São muito úteis porque permitem que um programa que escrevemos possa ser reutilizado e, frequentemente, aprimorado.

Essa importante finalidade dos módulos refere-se, até aqui, aos programas que nós mesmos escrevemos e utilizamos. Mas, além disso, outro recurso fundamental é a possibilidade de **importar** módulos criados por terceiros, ou seja, trazer objetos, funções etc. criados por outros programadores para nossos próprios programas. A facilidade para a importação e uso de módulos externos aliada à grande oferta de módulos de alta qualidade para desempenhar virtualmente qualquer coisa que se possa fazer com um computador, de cálculos de engenharia à criação de videogames, é uma das razões da popularidade do Python.

Vamos começar importando módulos criados por nós mesmos. Para isso, grave um script com o nome de MeuModulo.py contendo somente a definição da função suc() que fizemos acima:

PARA CONHECER Linguística Computacional

```
1  def suc(x):
2      return x + 1
```

Feito isso, abra um novo arquivo e escreva nele o seguinte:

```
1  import MeuModulo
2
3  print(MeuModulo.suc(1))
```

Tecle F5 para executar o script e grave-o na mesma pasta em que foi gravado MeuModulo.py. Se tudo correr bem, você deve ver no console o resultado da aplicação da função suc() que foi importada do módulo externo: 2.

A importação de módulos externos é, como se vê, bem simples. Como regra geral, as declarações de importação devem ser colocadas logo no início de seus scripts, como foi feito no exemplo. A razão para isso é que as funções e outros recursos dos módulos externos só podem ser usados depois de declarados.

É comum criar um **apelido** para o módulo externo a fim de facilitar a digitação das expressões que envolvem seu nome, sobretudo se ele vai ser usado muitas vezes no script. Vamos modificar nosso script e passar a usar o apelido simplificado mm para MeuModulo. Isso se faz acrescentando a palavra reservada as à declaração de importação.

```
1  import MeuModulo as mm
2
3  print(mm.suc(1))
```

9.1. A biblioteca padrão do Python

O Python vem com alguns módulos por default, isto é, que são instalados em seu computador quando você instala o Python. Eles compõem a chamada **biblioteca padrão** do Python (em inglês, *Standard Library*). Essa biblioteca é extensa e compreende recursos que extrapolam nossos propósitos de uma formação introdutória. Por isso, neste livro, vamos comentá-la parcial e brevemente, apresentando apenas aquilo que virá a servir, na prática, para a elaboração dos programas nos capítulos seguintes.

9.1.1. COLLECTIONS

O módulo **collections** da biblioteca padrão oferece estruturas de dados com recursos adicionais. Para nossos propósitos, interessa o **dicionário default** (*defaultdict*). Sabendo que esse será o único objeto do módulo `collections` que vamos utilizar, podemos criar uma declaração de importação exclusivamente para ele:

```
1  >>> from collections import defaultdict
```

Esse novo tipo de dicionário permite ultrapassar uma limitação dos dicionários tradicionais. Ao tratar dos dicionários anteriormente, vimos que ocorre um "erro de chave" (`KeyError`) quando se menciona uma chave inexistente. Ilustrando o problema:

```
1  >>> compras = {'maçã': 20, 'melancia': 2, 'banana':
   ↪  12}
2  >>> compras['maçã']
3  20
4  >>> compras['abacate']
5  Traceback (most recent call last):
6    File "<pyshell#25>", line 1, in <module>
7      compras['abacate']
8  KeyError: 'abacate'
```

O erro é fácil de justificar. Como o dicionário `compras` mapeia nomes de frutas (chaves) em quantidades (valores), não há por que exibir um valor para uma chave inexistente. Entretanto, muitas vezes, soa mais natural pensar que a "quantidade de frutas compradas" para determinada fruta que não faz parte das compras é zero.

O `defaultdict` resolve a questão de forma simples. A única diferença importante que ele tem por relação ao dicionário padrão do Python é que, em sua declaração, ele traz um valor default que passa a ser usado caso a chave seja inexistente.

A forma da declaração dos `defaultdict` é a seguinte:

```
1  <nome> = defaultdict(<função>)
```

No caso dos dicionários default que mapeiam contagens, como em nossa ilustração, geralmente esse valor default é 0. Veja que o argumento de `defaultdict()` é uma função. Felizmente, existe uma função que tem por default o valor 0, que é `int()`:

```
1  >>> x = int()
2  >>> x
3  0
```

Refazendo nossa lista de compras com o `defaultdict`, temos:

```
1  >>> from collections import defaultdict
2  >>> compras = defaultdict(int)
3  >>> compras['maçã'] = 20
4  >>> compras['maçã']
5  20
6  >>> compras['abacate']
7  0
8  >>> compras
9  defaultdict(<class 'int'>, {'abacate': 0, 'maçã': 20})
```

Observe que a chave antes inexistente `'abacate'`, quando mencionada, passa a integrar o `defaultdict` com seu valor default (0).

O valor default 0 não é igualmente interessante para todos os valores do dicionário, naturalmente. Imagine um dicionário que mapeie palavras em classes gramaticais:

```
1  >>> classes = defaultdict(int)
2  >>> classes['havia'] = 'verbo'
3  >>> classes['uma'] = 'artigo'
4  >>> classes['pedra'] = 'substantivo'
5  >>> classes['havia']
6  'verbo'
```

Noções gerais de programação em Python

```
7  >>> classes['caminho']
8  0
```

Ao consultar a classe da chave `'havia'`, o resultado foi correto. Já o resultado para a chave inexistente `'caminho'` (o número 0) é estranho. A questão é que os valores associados às chaves já existentes no dicionário, `'verbo'`, `'artigo'` e `'substantivo'`, são todos strings, não números inteiros. Nesse dicionário, portanto, os valores das chaves são classificações gramaticais, não contagens. Assim, ao buscar uma chave inexistente, o melhor seria recebermos um valor como "Não definido" ou coisa parecida na resposta. Poderíamos trocar a função `int`, que é o argumento da declaração `defaultdict()`, por uma função `str()`, que retorna uma string, mas o valor default dessa função é uma string vazia (`' '`). Como resolver o problema?

A solução é usar uma função lambda como argumento. As funções lambda, recordemos, são anônimas, declaradas em uma única linha e frequentemente servem de argumento para outras funções. É exatamente disso que precisamos. Com elas, podemos mudar o valor por default da função `str()` para outro qualquer:

```
1  >>> classes = defaultdict(lambda: 'Não definido')
2  >>> classes['caminho']
3  'Não definido'
```

9.1.2. EXPRESSÕES REGULARES

As Expressões Regulares (RE ou regex) são strings escritas em uma minilinguagem de propósito específico. São usadas para a **detecção de padrões** em strings. A grande vantagem de se usar as RE é que elas permitem testar não somente caracteres fixos, como as strings convencionais, mas também **classes de expressões** que admitem partes fixas e outras variáveis.

Para usar as RE em Python, deve-se carregar o módulo correspondente:

```
1  import re
```

Como ilustração, vamos utilizar o método `findall`, que busca todas as ocorrências de uma RE dentro de uma string. A aplicação do método resulta em uma lista das strings que satisfazem a RE. Comecemos com uma busca simples de uma string específica dentro de uma string maior.

```
1  >>> s = 'Gatos comem ratos e cachorros comem gatos'
2  >>> re.findall('gatos', s)
3  ['gatos']
```

Note que a busca é sensível à distinção entre maiúsculas e minúsculas. Se quisermos que essa busca retorne tanto `'Gatos'` quanto `'gatos'`, podemos nos valer de colchetes, que são exemplos de **metacaracteres**. São esses metacaracteres que dão poder e utilidade às RE:

```
1  >>> re.findall('[Gg]atos', s)
2  ['Gatos', 'gatos']
```

Os colchetes indicam a disjunção de caracteres. Para a disjunção de sequências, usa-se `|`:

```
1  >>> animais = 'ratos|gatos|cachorros'
2  >>> re.findall(animais, s)
3  ['ratos', 'cachorros', 'gatos']
```

Outro metacaractere importante é o ponto (.), que indica que qualquer caractere em uma certa posição satisfaz a busca.

```
1  >> re.findall('.atos', s)
2  ['Gatos', 'ratos', 'gatos']
```

São importantes também alguns metacaracteres usados para indicar opcionalidade e repetição. Mencionamos aqui dois deles: ? indica opcionalidade do caractere precedente e + indica uma ou mais ocorrências do caractere precedente. Dessa forma, a RE `carros?` abrange tanto *carro* quanto *carros*. Já a RE `car+o` abrange tanto *caro* quanto *carro* (além de *carrro*, *carrrro*, ...).

Imagine, agora, que queiramos buscar ocorrências da conjunção "e" em nossa string:

```
1  >>> re.findall('e', s)
2  ['e', 'e', 'e']
```

Note que, apesar de a conjunção aparecer apenas uma vez na string, o resultado foi uma lista com três ocorrências. Isso porque a RE e se refere apenas ao caractere "e", sem nenhuma sensibilidade em relação ao contexto imediato em que ele ocorre. Para indicar fronteiras de palavras, usa-se \b. Portanto, para encontrar apenas as ocorrências da conjunção "e", a RE correspondente seria \be \b.

Uma ressalva: como \b já é usado em Python para acionar o apagamento do caractere anterior (*backspace*), deve-se utilizar, nos programas em Python, duas barras invertidas – \\b – para as fronteiras de palavras:

```
1  >>> re.findall('\\be\\b', s)
2  ['e']
```

Na verdade, como a barra invertida é usada com outras funções em Python, recomenda-se, ao lidar com REs, a utilização do que se chama de **raw strings**. Essas strings ignoram a função da barra invertida enquanto comando. Com isso, não é necessário usá-la duas vezes, simplificando as expressões. Para indicar que uma string deve ser interpretada como *raw*, basta escrever o caractere r imediatamente antes das aspas:

```
1  >>> re.findall(r'\be\b', s)
2  ['e']
```

As RE são muito úteis para a busca de expressões que possuem formato padrão e que, mesmo assim, variam dentro de certos limites. Pense na forma como são escritas datas em documentos. São geralmente um ou dois algarismos, a palavra invariável "de", uma palavra variável correspondente ao nome do mês e, ao final, o ano expresso por quatro algarismos. É fácil marcar a posição e o tipo das partes fixas e variáveis dessas expressões usando as RE. Vejamos o exemplo a seguir:

PARA CONHECER Linguística Computacional

```
1  >>> texto = 'Hoje, 2 de julho de 2019, acontece um
   ↪  eclipse solar. Em 26 de dezembro de 2019, haverá
   ↪  outro.'
2  >>> data = r'\d+ de \w+ de \d{4}'
3  >>> re.findall(data, texto)
4  ['2 de julho de 2019', '26 de dezembro de 2019']
```

Na construção da RE `data`, `\d` representa um algarismo e `\w`, um caractere alfanumérico (letra ou algarismo). Junto a eles, foram usados **quantificadores** que, como o nome indica, servem para representar o número de vezes que os caracteres da classe em questão podem aparecer. Se indicássemos somente `\d`, por exemplo, isso significaria que estaríamos buscando exatamente um caractere numérico na posição indicada. O quantificador +, colocado em seguida, significa "um ou mais caracteres desse tipo". Ao final, o número 4 entre chaves também é um quantificador, indicando que a expressão buscada deve possuir exatamente quatro algarismos.

Uma outra utilidade das REs é a detecção de padrões envolvendo **repetições de sequências**. Imagine, por exemplo, que você esteja interessado em investigar palavras que ocorram em expressões do tipo *x ou não x*, como *ser ou não ser*, *caso ou não caso* etc. A sintaxe para isso é bem simples. Para delimitar a substring que se repete, são usados parênteses (*x*). A partir daí, pode-se referir a ela com `\1` (a barra invertida imediatamente seguida do numeral 1). Veja o exemplo abaixo:

```
1  >>> texto = r'Eis aqui dois dilemas: ser ou não ser e
   ↪  ter ou não ter.'
2  >>> p = r'\b(.+) ou não \1\b'
3  >>> re.findall(p, texto)
4  ['ser', 'ter']
```

Note que a RE que delimitamos – (. +) – corresponde a uma sequência qualquer de um ou mais caracteres. Entre ela e sua segunda ocorrência, intervém a string ' ou não '.

Esse tipo de padrão com repetições pode ser particularmente útil em operações de edição e substituição de strings. Para isso, existe o método `sub()`. Ele permite inspecionar uma string mais longa, buscando REs especificadas pelo usuário e substituindo-as por uma outra string. Imagine, por exemplo, que queiramos detectar e eliminar sequências de palavras re-petidas em um texto. Valendo-nos do que acabamos de ver e do método `sub()`, teremos o seguinte:

```
1 >>> texto = r'Pedro disse que que leu um um livro
  ↪ interessante.'
2 >>> p = r'\b(.+) \1\b'
3 >>> re.sub(p, r'\1', texto)
4 'Pedro disse que leu um livro interessante.'
```

Como se pode ver, as RE formam uma linguagem bastante poderosa. Nesta seção apresentamos apenas alguns de seus recursos e exploramos apenas uma pequeníssima fração de suas potencialidades no processamento de linguagem natural. O leitor interessado deve consultar o tutorial oficial da linguagem, indicado nas sugestões de leitura ao final do capítulo. Até aqui, os "textos" que usamos foram strings bem curtas que tiveram apenas o intuito pedagógico de ilustrar compactamente as ferramentas que apresentamos. No próximo capítulo, falaremos sobre o processamento de textos longos, em que poderemos pôr em prática o que acabamos de aprender em situações mais próximas da realidade.

9.2. NLTK

Fora da biblioteca padrão do Python, um módulo externo de muita utilidade para a análise de dados linguísticos é o **NLTK** (*Natural Language Toolkit*). Ele oferece um grande conjunto de *corpora* linguísticos em diversas línguas, incluindo o português, além de recursos para tratamento de dados que tornam diversas tarefas mais fáceis. A documentação que acompanha esse módulo é extraordinária, incluindo um excelente livro que apresenta passo a passo não somente a biblioteca NLTK como também introduz o leitor a muitos dos principais conceitos-chave da linguística computacional. Falaremos mais detidamente a respeito na seção *Sugestões de leitura* deste capítulo.

Sendo o NLTK um módulo externo, você deve baixá-lo da internet e instalá-lo antes de usar. As instruções encontram-se no site `www.nltk.`

org. Assim que instalar o módulo principal, reinicie o Python e teste a importação:

```
1 import nltk
```

Se não houver mensagens de erro, é porque a instalação funcionou. Em seguida, baixe e instale também tudo o que se encontra sob o nome *NLTK Data*. São corpora e outros recursos que vamos utilizar na continuidade deste livro. Isso é feito com o método download() do módulo nltk:

```
1 nltk.download()
```

Na caixa de diálogo que vai aparecer, selecione, no menu *Collections*, a linha *All* e clique no botão *Download*. Se for preciso, o site do NLTK tem informações adicionais sobre esses procedimentos.

9.3. spaCy

Trata-se de uma biblioteca para processamento linguístico em Python, que traz muitos recursos interessantes, como etiquetagem morfossintática, lematização e avaliação da similaridade de palavras, todos disponíveis para o português. Neste momento, interessa-nos a etiquetagem morfossintática.

A primeira providência a fazer é instalar o spaCy em seu computador. As instruções para isso estão no site do spaCy: http://spacy.io. Existem diferentes versões, que devem ser selecionadas de acordo com seu sistema operacional e com a distribuição do Python instalada em seu computador. Ao instalar o spaCy, você deve *também* instalar os modelos de língua para poder analisar dados. Há modelos para português, inglês, francês, alemão, italiano, espanhol, holandês e grego. Para acompanhar os conteúdos que estão por vir neste livro, você deve instalar o modelo linguístico para o português. Opcionalmente, instale também os demais modelos que podem servir a seus interesses. O site traz instruções sobre como proceder.

• LEITURAS SUGERIDAS

Existem muitos materiais de qualidade sobre a programação em Python. O acesso a boa parte deles é livre e gratuito, como os que listamos a seguir. Nos materiais em que há exercícios disponíveis, não deixe de tentar resolvê-los.

O primeiro recurso didático que vem à mente quando se pensa nessa linguagem é, sem sombra de dúvida, o tutorial oferecido pelo site oficial do Python. Está disponível em `docs.python.org/3/`. O tutorial apresenta a linguagem de forma abrangente e é didaticamente orientado por exemplos. Uma de suas características mais úteis é que ele tem links para outras partes da documentação oficial do Python, o que traz muita agilidade na consulta a outras fontes mais aprofundadas quando necessário.

Think Python: How to Think Like a Computer Scientist, de Allen Downey (2015), é, mais que uma introdução ao Python, um livro que serve de introdução à ciência da computação de forma geral. Discute alguns de seus conceitos básicos, incluindo algoritmos, programação por funções e por objetos, entre outros. É voltado a iniciantes e pode ser baixado no site da editora: `http://greenteapress.com/wp/think-python-2e/`

Como mencionado anteriormente, o site do *Natural Language Toolkit* traz um módulo externo, diversos *corpora* e outros recursos que vamos utilizar nos programas que criaremos juntos neste livro. Entre os conteúdos oferecidos no site, está o livro *Natural Language Processing with Python*, de autoria de Bird, Klein e Loper, cuja primeira edição foi publicada em papel pela O'Reilly em 2009. A ideia do livro é, nas palavras dos autores, ensinar processamento de linguagem natural ao mesmo tempo que se ensina a programar. De fato, em pouquíssimo tempo e sem nenhuma experiência prévia, quem estuda esses materiais pode começar a fazer suas primeiras análises textuais usando o NLTK. A versão on-line está em `http://www.nltk.org/book/`

• EXERCÍCIOS

Antes de começar...

Na solução de todos os exercícios deste livro, aconselhamos que você crie scripts para poder gravar e editar facilmente o código.

Neste primeiro conjunto de exercícios, o que se pede é que você escreva funções (usando `def`). Os tipos de dado que as funções devem retornar estão explicitados nos enunciados com itálicos.

Em alguns dos exercícios, menciona-se uma "sentença", nome que tem pouca ou nenhuma relação com o conceito linguístico associado ao termo. Aqui, ele é usado somente para indicar um conjunto de "palavras" separadas por espaços em branco.

1. Escreva uma função que receba uma string e retorne uma nova *string* correspondente à original invertida (de trás para frente). Para isso, crie um loop com `while`. O resultado deve ser parecido com este:

```
1  >>> inversa('abc')
2  'cba'
```

2. Escreva uma função que receba uma sentença e retorne o número (*inteiro*) de palavras que ela contém.

```
1  >>> palavras('O rato roeu a roupa do rei de
   ↪  Roma')
2  9
```

3. Escreva uma função que receba uma sentença e retorne uma *lista* das letras iniciais de cada palavra em maiúsculas.

```
1  >>> iniciais('O rato roeu a roupa do rei de
   ↪  Roma')
2  ['O', 'R', 'R', 'A', 'R', 'D', 'R', 'D', 'R']
```

4. Escreva uma função que receba uma string e retorne o *conjunto* das letras que ela contém, ou seja, o "alfabeto" que a produziu. Dica: você vai querer eliminar o espaço em branco do conjunto. É mais fácil fazer isso depois de gerar o conjunto.

```
1  >>> alfabeto('O rato roeu a roupa do rei de
   ↪  Roma')
2  {'I', 'R', 'O', 'A', 'D', 'M', 'E', 'P', 'U',
   ↪  'T'}
```

ANÁLISE QUANTITATIVA DE CORPUS

Objetivos gerais do capítulo

- Apresentar noções básicas sobre o que é e como se usa um corpus de dados linguísticos
- Criar programas simples para limpeza e análise de corpora
- Realizar análises quantitativas básicas em corpora não estruturados
- Aplicar etiquetas morfossintáticas às palavras do corpus
- Criar programas para apresentar estatísticas descritivas de dados, incluindo a geração de gráficos
- Usar técnicas de mineração de dados e extração da informação, como cálculos de relevância de palavras
- Além de implementar esses métodos em Python, levantar elementos que permitam discutir criticamente os resultados obtidos

1. O QUE É E PARA QUE SERVE UM CORPUS?

A definição do que é *corpus* (no plural: *corpora*) depende em grande medida do trabalho que se tem em mente. Diremos, inicialmente, que corpus é o conjunto dos materiais linguísticos a serem analisados. Para nossos propósitos neste livro, é necessário que tais materiais estejam na forma de

PARA CONHECER Linguística Computacional

texto e que possam ser lidos por um programa de computador. A partir daí, apesar de ainda ser esta uma definição bastante ampla, algumas características do que é um corpus já podem ser colocadas:

1. O corpus é um produto já **realizado** e não em processo de realização;

2. Como decorrência, qualquer que seja sua extensão, o corpus é **finito**;

3. Também como decorrência, por mais representativo que possa ser, o corpus representa somente uma **parte das possibilidades** realizáveis da língua e do discurso.

Assim, ao mesmo tempo que se apresenta como recurso valioso para a análise linguística, o corpus implica também limites. O pesquisador deve ter tais limites claramente compreendidos pois, ao trabalhar com corpus, deliberadamente abre mão de qualquer outro material: não se pode arbitrariamente acrescentar informação ao corpus para contemplar exemplos que não estejam ali presentes. A validade das análises depende da independência do pesquisador por relação à produção dos materiais a analisar. Em outras palavras, o pesquisador pode até mesmo coletar os textos e organizar o corpus, mas não deve incluir informações linguisticamente geradas por ele próprio nem "escolher" expressões que vão entrar ou sair do corpus, sob pena de enviesar os dados. Isso comprometeria o método e os resultados, já que um aspecto importante do trabalho com corpus é que se está sempre diante de formas linguísticas atestadas. Uma boa forma de evitar problemas de enviesamento é, sempre que possível, usar corpora publicamente disponíveis e reconhecidos pela comunidade científica ou, ainda, materiais publicados em edições tradicionais, como livros e jornais. Isso permite que os resultados da pesquisa sejam replicados por outros pesquisadores. Neste capítulo e nos seguintes, vamos trabalhar com todos esses tipos de corpora.

2. TIPOS DE CORPORA E ONDE ENCONTRÁ-LOS

Os corpora podem ser caracterizados em função de certos critérios: se são materiais de língua oral ou escrita, temáticos ou não, monolíngues ou não, anotados ou não. Tais características são intencionalmente geradas por quem produz o corpus, que é quem escolhe os textos que vão ser incluídos.

Língua **oral** e língua **escrita** referem-se à fonte dos dados presentes no corpus. Os corpora de língua oral são alimentados por gravações de falantes. Pela maior dificuldade envolvida na obtenção e organização de tais dados, são muito mais raros que os corpora de língua escrita, que têm origem literária, mas isso não significa que sejam todos derivados de livros, poemas e outros produtos literários tradicionais, ou que sejam sempre baseados em trabalhos de escritores consagrados; significa, somente, que os materiais foram originalmente produzidos sob forma escrita. A internet, com seus blogs, listas de discussão, notícias de jornais, mensagens de redes sociais etc., pode ser encarada como um imenso corpus de língua predominantemente escrita. Por aí se vê que a divisão não é totalmente categórica: uma notícia de jornal, por exemplo, tem na escrita do repórter ou jornalista sua fonte principal, mas pode conter transcrições de entrevistas gravadas, ou seja, de língua oral.

A **tematização** do corpus refere-se a qualquer traço de gênero literário, estilo, assunto, período histórico, enfim, tudo aquilo que sirva para caracterizar o corpus do ponto de vista de seu conteúdo linguístico ou textual-discursivo. Quando um corpus não possui marcação clara de nenhum desses traços temáticos, diz-se que é um **corpus geral**. Isso não significa, obviamente, que ele seja completamente abrangente, no sentido de que poderia conter qualquer tipo de conteúdo linguístico, de qualquer época, tratando igualmente de qualquer assunto etc.; significa, somente, que não foram aplicados critérios de exclusão em função de conteúdos ou períodos de produção quando o corpus foi estabelecido.

Um corpus é dito **anotado** se, paralelamente aos dados, contém marcações feitas sobre os dados que sirvam para classificá-los de alguma forma. Entre as anotações mais comuns estão as que informam as partes da oração (como "verbo", "substantivo", "adjetivo" etc.) das palavras do corpus. As anotações podem ser geradas manualmente, palavra a palavra, ou automaticamente, através de programas feitos para isso, comumente chamados de **etiquetadores**.

3. ALGUNS CORPORA PUBLICAMENTE DISPONÍVEIS

O número e a variedade de corpora cresce continuamente, com diversos centros de pesquisa no Brasil e no exterior divulgando seus produtos de pesquisa. Ultrapassa a ambição deste texto listar todos esses materiais. A relação a seguir está baseada em alguns recursos que utilizaremos para os propósitos deste livro. São corpora do português de acesso livre e gratuito. Outras línguas, em especial o inglês, contam com muito mais recursos publicamente disponíveis.

3.1. NLTK

O NLTK (Natural Language ToolKit), que pode ser importado como módulo externo ao Python, oferece interfaces muito práticas e prontas para uso que abarcam um grande conjunto de corpora em diversas línguas. Traz os seguintes corpora de língua portuguesa:

Machado: obras completas de Machado de Assis, incluindo traduções, crônicas e alguns outros materiais, como cartas.

Mac-Morpho: corpus de um pouco mais de um milhão de palavras com anotação morfossintática, cuja fonte são notícias do jornal Folha de S. Paulo em 1994.

Floresta Sintá(c)tica: corpus com anotação sintática gerada automaticamente (isto é, por um programa de análise sintática). É composto de diferentes partes, separadas de acordo com a procedência dos dados e com o grau de revisão (por linguistas) da anotação sintática. A parte incluída entre os recursos do NLTK é chamada "Bosque", um conjunto de pouco mais de 9.000 sentenças (com mais de 200.000 palavras) inteiramente revisto por linguistas, de forma que a anotação sintática tem muito boa qualidade. As fontes textuais são um jornal brasileiro (Folha de S. Paulo, em 1994) e um português (Público, no ano 2000).

Você deve ter instalado o NLTK e todos os recursos disponíveis para ele, seguindo as instruções do capítulo anterior, na página 63. Vamos usar parte desses recursos em exemplos e exercícios mais adiante.

3.2. Linguateca

A Linguateca (`www.linguateca.pt/`) é um portal dedicado a recursos computacionais para análise automática do português. Inclui corpora, analisadores sintáticos, etiquetadores, sumarizadores, entre muitos outros. O portal deixou de ser atualizado em 2015, mas permanece online e representa uma fonte importante de instrumentos e dados para a análise da língua portuguesa.

3.3. SUBTLEX-pt-BR

Trata-se de um corpus constituído por legendas em português de filmes. Pode parecer específico ou enviesado demais, mas as legendas de filmes são muito mais próximas à espontaneidade da língua oral usada nas situações de conversação do que os artigos de jornal ou textos literários, por exemplo. O corpus é distribuído no formato de planilhas e em duas versões: uma completa, com cerca de 415 mil palavras, e uma reduzida às palavras presentes em mais de um documento (mais de um filme, no caso), a fim de filtrar as palavras com pouca representatividade discursiva. O SUBTLEX existe também para diversas outras línguas e é um recurso útil quando se deseja estimar a **relevância informacional** (ver a Seção 7., mais adiante) ou a **familiaridade** das palavras. Há duas versões do corpus para o português brasileiro. A primeira é a versão completa, com todas as mais de 415 mil palavras. Pode ser baixada no link `http://crr.ugent.be/subtlex-pt-br/csv/SUBTLEX-BRPOR.zip`. A segunda versão traz somente as palavras que ocorrem em dois ou mais filmes, o que ajuda a filtrar palavras muito raras, nomes próprios, erros de digitação e outros, resultando numa lista muito mais enxuta (pouco mais de 136 mil palavras) e, portanto, poupando recursos preciosos do computador sem comprometer sua utilidade para estudo da relevância e da familiaridade das palavras. O link

para baixá-la é: `http://crr.ugent.be/subtlex-pt-br/csv/`
`SUBTLEX-BRPOR.cd-above2.zip`

3.4. Projeto Gutenberg

O Projeto Gutenberg (`http://www.gutenberg.org/`) reúne voluntários do mundo todo para digitalizar materiais bibliográficos em domínio público. Iniciado em 1971, é a mais antiga biblioteca digital. Possui em seu acervo mais de 58.000 livros em diferentes línguas publicamente disponíveis. Hoje em dia, existem bibliotecas digitais maiores, mas uma característica importante do projeto para nossos propósitos é que ali são oferecidos arquivos de texto bruto (TXT), ou seja, sem formatação, o que facilita a análise computacional dos textos.

4. TRABALHANDO COM CORPORA NÃO-ESTRUTURADOS

4.1. Reconhecimento e leitura do corpus

Um corpus não-estruturado é, essencialmente, um conjunto de dados sem organização sistemática da informação, como divisões em campos específicos (a exemplo do que acontece numa lista telefônica, em que há nomes, endereços, telefones..., todos claramente divididos) ou etiquetagem linguística dos dados (por exemplo, cada palavra acompanhada de sua classificação morfossintática). Nesse sentido, uma parte considerável do trabalho da análise linguística computacional, como vamos ver, consiste em estruturar informações originalmente não-estruturadas.

Em geral, os corpora não-estruturados são compostos por um ou mais arquivos de texto "puro" (ou "bruto"), isto é, sem formatação de fonte (negritos, itálicos etc.), parágrafo (alinhamento, margens, espaços entre linhas etc.) e outros. Normalmente, tais arquivos são nomeados com a extensão TXT. Para nossos exercícios de análise, propomos usar o texto *Ubirajara*, de José de Alencar (1874). O arquivo correspondente em formato TXT pode ser baixado da página web do Projeto Gutenberg em `http://www.`
`gutenberg.org/cache/epub/38496/pg38496.txt`. Por como-

didade, sugerimos nomeá-lo `Ubirajara.txt` e gravá-lo na mesma pasta onde estão seus scripts em Python. Naturalmente, essas são somente sugestões. Você pode usar quaisquer outros arquivos de texto sem formatação nos exercícios deste livro; porém, será mais fácil comparar seus resultados com os que apresentaremos aqui se os dados analisados forem os mesmos.

Ao trabalhar com um corpus, a primeira coisa a fazer é abri-lo num editor de textos e procurar ter uma ideia de como estão organizados os dados. Assim, experimente abrir o arquivo com um editor de textos "puros" (não formatados). Muitos editores desse tipo vêm com o sistema operacional que você usa, como o Bloco de Notas, no Windows, ou o Gedit, no Linux. Sugerimos, contudo, que você use um editor mais versátil, com recursos úteis para se trabalhar com diversos tipos de arquivos: Atom, da GitHub (`http://atom.io/`).

Aberto o arquivo, você verá que em seu início há informações editoriais, como dados sobre quem digitalizou e disponibilizou o texto; ao final, estão as notas do texto estabelecidas por Alencar, seguidas de informações sobre a coleção a que pertence o livro e de dados a respeito do Projeto Gutenberg. Aqui, por simplicidade, vamos optar por manter todas essas informações no arquivo; se você quiser modificar alguma coisa, como retirar os conteúdos editoriais ou as notas do texto, lembre-se de sempre manter uma cópia da versão original sem alterações.

As perguntas iniciais a responder quando se abre pela primeira vez um arquivo que servirá de corpus são:

1. Qual é a codificação dos caracteres?

2. Existe algo como um cabeçalho, notas de rodapé ou de fim, informações editoriais etc.?

3. Qual é o tamanho do arquivo?

A resposta à primeira pergunta pode evitar dores de cabeça no momento de exibir os dados ou realizar buscas no texto. A codificação dos caracteres refere-se ao padrão utilizado para representar os caracteres de texto que você vê na tela. É bem provável que você já tenha visto páginas Web exibidas com codificação errada, em que os caracteres (em especial os acentuados) aparecem estranhamente substituídos por símbolos que parecem não fazer parte do texto. Nesses casos, o que ocorre é que o programa usado para a exibição da página (Mozilla Firefox, Google Chrome...) está usando uma codificação diferente daquela usada pelos arquivos da página Web visitada. O mesmo pode ocorrer com arquivos de texto.

Codificação de caracteres

Os computadores são máquinas que precisam se comunicar por meio de informações gravadas ou transitando por cabos, discos, ondas de rádio (como nas redes de Wi-Fi) etc. Os dados físicos presentes nesses diferentes meios são convertidos para valores numéricos binários e, estes, para qualquer outra forma de representação: letras de um alfabeto qualquer, números, marcas de início e fim de um arquivo... Para tanto, é necessário que exista uma tabela (ou "codificação") que atribua um código numérico a cada caractere que se quer representar. Nos anos 1960, surgiu a codificação **ASCII**, sigla para *American Intercode for Information Interchange*. Ela permitia representar 128 caracteres, cobrindo o alfabeto inglês (logo, sem acentos) tanto em letras maiúsculas quanto minúsculas (lembremos que "a" e "A" podem representar a mesma letra, mas são caracteres diferentes), os algarismos, a pontuação básica e alguns caracteres especiais, como o espaço em branco, o caractere que indica o final de uma linha de texto e outros. Ocorre que isso é claramente insuficiente para a escrita em línguas europeias que não o inglês, isto é, línguas que usam caracteres acentuados. Surgiu então a codificação ASCII estendida, com 256 caracteres, para dar conta da acentuação das línguas europeias ocidentais, que usam o alfabeto latino como base. Isso ainda exclui diversos recursos de escrita importantes, obviamente, como símbolos matemáticos ou caracteres de outros alfabetos. Hoje em dia, existem padrões de codificação muito mais abrangentes, como o **UTF-8** (abreviação para *Unicode (UNIversal CODEd) Transformation Format – 8-bit*), capaz de representar mais de um milhão de caracteres. O UTF-8 é o padrão nativo do Python 3 e, portanto, o que utilizaremos neste livro.

Para saber a codificação de caracteres do arquivo aberto usando o editor Atom, observe o canto direito da barra de status, que fica na parte inferior da tela do programa. Lá, deve estar indicado "UTF-8". Se não estiver, ou se você precisar trocar a codificação desse ou de qualquer outro arquivo, use o menu *Edit / Select Encoding*.

O cabeçalho, as notas e as informações editoriais podem trazer esclarecimentos úteis sobre o corpus, mas são frequentemente descartados na análise dos dados propriamente dita, já que não fazem parte dos materiais a estudar.

Conhecer o tamanho do corpus é importante para dar uma ideia do que se pode esperar tanto de sua relevância como objeto de estudo quanto, do ponto de vista do processamento computacional, da expectativa de tempo de execução dos programas de análise. Se o corpus for grande demais, pode-se escolher somente uma parte dele para os estudos iniciais. Vale lembrar: diante de qualquer alteração no corpus, não se esqueça de manter cópias intactas dos originais.

Uma vez conhecidas essas características iniciais do corpus, pode-se começar a manipulá-lo usando o Python. Primeiro, você deve associá-lo a uma variável e ler seu conteúdo.

Lendo um arquivo

```
1  def ler(nome_arq):
2      arquivo = open(nome_arq, 'r', encoding='utf-8')
3      conteudo_arq = arquivo.read()
4      arquivo.close()
5
6      return conteudo_arq
```

A função que acabamos de definir, `ler()`, recebe como argumento uma string com o nome completo do arquivo, incluindo a extensão (`'.txt'` ou outra), conforme o exemplo que veremos a seguir, e retorna uma string correspondente a todo o conteúdo do arquivo. A função `open()` recebe como argumentos: (1) um nome de arquivo; (2) o modo como ele será usado, normalmente marcado pelas constantes `'r'` (de *read*, para leitura) ou `'w'` (de *write*, para gravação) e (3) a codificação do arquivo, `'utf-8'`, no caso. O método `close()`, que se vê na linha 4, fecha o arquivo e libera os recursos do sistema (a memória, em particular) utilizados por ele.

A string `conteudo_arq` retornada pela função contém todos os caracteres que foram lidos no arquivo, incluindo espaços em branco, marcas de pontuação etc. Podemos contá-los facilmente com uma função interna do Python, `len()`, que já conhecemos:

```
1 >>> texto = ler('Ubirajara.txt')
2 >>> print(len(texto))
```

4.2. Um concordanciador simples

Uma vez que o conteúdo total do arquivo tenha sido associado a uma variável (`texto`, no caso), seria fácil exibir tudo diretamente na tela, mas isso não parece útil. Mais interessante é realizar buscas por expressões no texto e apresentar o contexto onde elas se encontram. Para isso, vamos usar um **concordanciador**. Os concordanciadores são programas que buscam por expressões em um corpus e criam listagens dos resultados, incluindo um número determinado de outras expressões antes e depois daquela que é buscada, a fim de situá-la em um contexto. Como os concordanciadores exibem tais informações contextuais da expressão, alguns autores (como McEnery & Hardy, 2011) consideram que essa é uma forma de análise *qualitativa* do corpus.

Vamos criar um concordanciador simples, com um número fixo de caracteres antes e depois da expressão.

```
Concordanciador
1 def concordanciador(alvo, texto):
2     texto = texto.replace('\n', ' ')
3     texto = texto.replace('\t', ' ')
4
5     ocorrencias = list()
6     encontrado_aqui = texto.find(alvo, 0)
```

```
7    while encontrado_aqui > 0:
8        pos_inicial = encontrado_aqui - (40 - len(alvo)
    ↪ // 2)
9        ocorrencias.append(texto[pos_inicial :
    ↪ pos_inicial + 80])
10
11       encontrado_aqui = texto.find(alvo,
    ↪ encontrado_aqui + 1)
12
13   return ocorrencias
```

As duas primeiras linhas usam o método `replace()` para substituir alguns **caracteres especiais**, \n e \t, por espaços em branco. Esses caracteres são usados para marcar uma mudança de linha no texto e um avanço de tabulação, respectivamente. A razão para eliminá-los é que, quando presentes, eles podem atrapalhar a disposição visual do texto na tela, introduzindo quebras de linha e tabulações no meio da informação a exibir.

Em seguida, é criada a lista vazia `ocorrencias`. Sua função será registrar uma a uma as passagens do texto contendo a expressão-alvo. Cada passagem onde a expressão-alvo é encontrada vai ser, assim, um item da lista. As passagens são strings uniformemente delimitadas em extensão, sempre com 80 caracteres, acrescentadas à lista pelo o método `append()` (linha 9). A uniformidade na extensão das passagens de texto, como vamos comentar mais adiante, facilita a leitura dos resultados na tela.

Introduzimos aqui o método `find()`, que procura uma **substring** no interior de uma string. A variável `encontrado_aqui` guarda inicialmente a primeira posição onde a expressão-alvo foi encontrada; depois, dentro do loop, ela é atualizada com as posições subsequentes da mesma expressão. O que garante que serão mesmo encontradas posições subsequentes (e não sempre a mesma posição inicial da expressão-alvo) é a soma +1 incluída no método `find()`. Ela indica que a expressão deve ser procurada sempre a partir de uma posição adiante de onde foi encontrada na última vez.

As posições do texto a exibir na tela são calculadas a partir de dois valores. O valor que se vê na linha 9, que é 80, corresponde ao número de "colunas" ou posições para os caracteres de texto usadas por padrão na janela do IDLE. Ou seja, trata-se do número máximo de caracteres que podem ser exibidos em uma única linha no IDLE. O outro valor, 40, representa a marcação da metade da linha. Esse ponto na linha é usado pelo concordanciador para distribuir o texto por igual à direita e à esquerda da expressão-alvo buscada. A divisão feita usando o operador `//` é uma **divisão inteira**, isto é, sem deixar resto. Compare-se, por exemplo:

```
1  >>> 5/2
2  2.5
3  >>> 5//2
4  2
```

A divisão inteira está sendo usada no concordanciador para calcular o tamanho da expressão-alvo dividida pela metade (ou seja, por 2), de forma a situar a expressão exatamente no meio da linha, com metade da expressão à esquerda e metade à direita do ponto central. Isso porque, se o tamanho (`len()`) da expressão-alvo for um número ímpar, a divisão por 2 resultaria num quociente fracionário, que não poderia ser usado, depois, como argumento do método `find()`.

Execute o script do concordanciador (como sempre, com a tecla `F5`). Em seguida, vamos experimentá-lo com o exemplo seguinte:

```
1  >>> resultados = concordanciador('serpente', texto)
2  >>> for i in resultados:
3          print(i)
```

Se desejar saber quantas foram as ocorrências da expressão buscada no corpus, basta ver o tamanho da lista que foi gerada: `len(resultados)`.

O concordanciador que acabamos de criar é bastante simples, por buscar somente expressões fixas. Pode ser incrementado com recursos das expressões regulares, de que falamos no capítulo anterior. Elas permitem estender consideravelmente o poder de busca e generalização de resultados.

4.3. Limpeza do corpus

Geralmente, na pesquisa linguística envolvendo corpus, são avaliadas unidades como sílabas, palavras, frases, entre outras, e não os caracteres de texto. Para os propósitos práticos da linguística computacional, a forma usual de se isolar palavras é baseada simplesmente nos espaços em branco do texto. Tal procedimento não coincide conceitualmente com a noção de palavra em qualquer acepção linguística do termo e é preciso ter em mente o que essa diferença significa. Expressões como "vende-se" e "d'água" são tomadas como palavras únicas quando o critério de determinação é o espaço em branco. Expressões numéricas com vários algarismos (mas sem espaço entre eles), também. Estabelecidas essas limitações, a detecção de palavras por meio do espaço em branco é mesmo assim bastante útil, pois funciona corretamente na grande maioria dos casos e é fácil de se implementar computacionalmente.

Para dividir a string com o conteúdo de todo um arquivo de texto em palavras separadas pelo espaço em branco, basta usar o método `split()` que, quando usado em sua forma default, sem argumentos, retorna uma lista de substrings ("palavras", no caso) separadas pelo espaço em branco. No exemplo a seguir, estamos considerando que a variável `texto` é uma string com todo o conteúdo do arquivo `Ubirajara.txt`.

```
>>> palavras = texto.split()
```

Aqui começa a se apresentar mais claramente a necessidade de limpeza e preparação do corpus. A remoção da pontuação é necessária quando se quer contar palavras que, de acordo com o critério adotado, são determinadas pelo espaço em branco. Como consequência, uma palavra qualquer, quando sucedida por uma marca de pontuação, passaria a incorporá-la. Como ilustração, no verso do poema *Aninha e suas pedras*, de Cora Coralina:

Recria tua vida, sempre, sempre.

a palavra "sempre", de acordo com o critério de detecção por meio do espaço em branco, não aparece como tal vez alguma, mas é parte de duas strings distintas, `sempre,` e `sempre.` Esse problema acontece o tempo todo com os corpora não estruturados.

Por sua vez, a conversão para caracteres minúsculos precisa ser feita por uma série de razões: possibilitar buscas por expressões idênticas (e, por exemplo, "casa" e "Casa" não são idênticas), facilitar a ordenação das palavras (porque os métodos de ordenação tendem a posicionar as letras maiúsculas primeiro, de forma que "Zebra" viria antes de "abrigo") e, quando forem feitas contagens sobre as unidades do corpus, poder considerar idênticas palavras que apresentem somente diferenças de letras maiúsculas e minúsculas.

Há diferentes modos de tratar as palavras que incorporam marcas de pontuação. A solução que vem a seguir é simples e funciona bem nos casos em que a marca de pontuação é única e aparece no início ou fim da palavra, o que corresponde aos casos mais comuns. Para tanto, pode-se usar o método `strip()`, que remove os caracteres indicados na lista `lixo`. Além disso, os caracteres de texto são convertidos para letras minúsculas pelo método `lower()`.

```
1  def limpar(lista):
2      lixo = '.,:;?!"`()[]{}\/|#$%^&*'
3      return [x.strip(lixo).lower() for x in lista]
```

Declarada a função, vamos testá-la usando uma lista de dados fictícios.

```
1  >>> corpus_sujo = ['banana', 'maçã.', 'abaca.te',
   ↪    ':MeLancia']
2  >>> print(limpar(corpus_sujo))
3  ['banana', 'maçã', 'abaca.te', 'melancia']
```

Como se vê, a função deixa passar a "palavra" `'abaca.te'`, porque o método `strip()` não remove a pontuação que não esteja no início ou fim da string. Assim, essa limpeza é capaz de resolver uma parte significativa dos problemas, mas não todos. Para aprimorar os resultados, é possível aplicar ainda outros filtros, de acordo com o resultado desejado.

O método `isalpha()` permite filtrar facilmente todas as strings que não sejam exclusivamente compostas de letras. Isso elimina os numerais, é claro, assim como as palavras que terminam ou começam com pontuação (como "sempre," ou "sempre." do exemplo anterior) e as palavras hifenizadas, o que pode ser indesejável. Mas, para contornar o problema, basta estabelecer um critério duplo de filtragem. Vamos, a seguir, reformular nossa função `limpar()` para incorporar o novo método.

Análise quantitativa de corpus

Limpeza de palavras com pontuação e conversão para minúsculas

```
def limpar(lista):
    lixo = '.,:;?!"`()[]{}\/|#$%^&*'
    quase_limpo = [x.strip(lixo).lower() for x in
      lista]

    return [x for x in quase_limpo if x.isalpha() or
      '-' in x]
```

Aqui, aplicamos os filtros em duas etapas. Primeiro, como fizemos antes, o método `strip()` limpa as palavras que começam ou terminam com marcas de pontuação e alguns outros caracteres não-alfabéticos. Em seguida, `isalpha()` elimina as strings que não sejam exclusivamente constituídas por letras, menos aquelas que estejam hifenizadas (a fim de preservar nomes compostos e pronomes clíticos). É comum que os procedimentos de filtragem de dados sejam aplicados em diferentes etapas seriadas, como nesse caso.

Vamos novamente testar a função `limpar()`, em sua nova versão, com os mesmos dados de antes.

```
>>> corpus_sujo = ['banana', 'maçã.', 'abaca.te',
  ':MeLancia']
>>> limpar(corpus_sujo)
['banana', 'maçã', 'melancia']
```

Dica

Ao trabalhar com corpus, é interessante criar um exemplo fictício de pequena extensão (uma linha ou um parágrafo) para testar o programa ou partes dele antes de tratar dos dados reais. Isso permitirá saber rapidamente se o programa funciona conforme o esperado e produz os resultados desejados.

Para concluir, agora poderemos aplicar a função `limpar()` à lista de palavras do texto *Ubirajara* e contar o número de palavras resultantes. Retomando a lista `palavras`, criada anteriormente com o conteúdo do livro (ver p. 81), teríamos:

```
1  >>> len(palavras)
2  37104
3  >>> palavras = limpar(palavras)
4  >>> len(palavras)
5  36063
```

Como se vê, o procedimento de limpeza diminui o total de "palavras" do corpus. Muitas das que foram eliminadas eram numerais ou caracteres não-alfabéticos que, de toda forma, não contribuiriam para análises linguísticas.

5. CONTAGENS DE PALAVRAS

A análise computacional de dados de corpus se faz quase sempre de forma **quantitativa**, em que são realizadas **contagens** sobre unidades do corpus. Através delas é possível oferecer uma descrição rápida e concisa de uma série de características do corpus que se tem em mãos, o que pode servir para fins de estudos linguísticos e estilísticos.

5.1. Vocabulário e riqueza lexical

Vamos começar pelo estudo de informações relativas às palavras. Já vimos como transformar um arquivo de texto em uma lista de palavras e como limpar a lista de caracteres "indesejáveis", como as marcas de pontuação, numerais etc. Agora, iniciando as análises quantitativas, nossa primeira atividade será o estabelecimento do **vocabulário** do corpus, isto é, uma lista de todas as palavras que aparecem ali. Assim como acontece com as entradas de um dicionário tradicional, as palavras não devem aparecer repetidas. Isso pode ser feito transformando a lista de palavras em um conjunto:

```
1  >>> vocabulario = set(palavras)
2  >>> len(vocabulario)
3  6962
```

Em seguida, podemos calcular a **riqueza lexical** do corpus. Trata-se do número de palavras distintas dividido pelo número total de palavras, ou, no jargão linguístico, do número de *types* (palavras distintas) dividido pelo número de *tokens* (ocorrências de palavras, ou seja, o número total de palavras do texto). A intuição por detrás dessa conta é que, quanto mais palavras diferentes aparecem no corpus, maior a diversidade (ou riqueza) do vocabulário.

```
1  >>> riqueza = len(vocabulario) / len(palavras)
2  >>> riqueza
3  0.1930510495521726
```

5.2. Classificação de palavras por ocorrência

No trabalho com corpus, sempre acontece de querermos saber quais são as formas mais frequentes de determinada expressão (no caso presente, palavras), ou seja, que tipos possuem mais ocorrências. Para isso, podemos criar um dicionário em Python que associe palavras com seu número de ocorrências. A maneira mais simples de fazê-lo é usando um dicionário default (*defaultdict*), que faz parte do módulo externo `collections`.

A função que definimos a seguir cria um dicionário default cujo valor-padrão é o número 0 (caso não se lembre dos detalhes dessa operação, consulte a pág. 58). Em seguida, percorre a lista completa de palavras do corpus, incluindo-as no dicionário recém-criado. Cada palavra p, ao ser incluída, recebe o valor padrão (0), ao qual imediatamente se soma 1 (linha 4). Dessa forma, o valor mínimo associado a cada palavra no dicionário será 1 e, a cada vez que uma palavra p já presente como chave no dicionário é encontrada novamente na lista de palavras, soma-se 1 ao valor relacionado a ela. Em suma: cada palavra encontrada na lista aumenta em 1 a contagem de seu próprio número de ocorrências.

```
Dicionário de ocorrências
1  def ocorrencias(lista_palavras):
2      dicionario = defaultdict(int)
3      for p in lista_palavras:
4          dicionario[p] += 1
```

```
5    return dicionario
```

Os dicionários, como já vimos anteriormente, são estruturas de dados que não ordenam automaticamente as chaves. No entanto, se ordenassem, elas seriam colocadas de acordo com a ordem alfabética das palavras, não em função de seu número de ocorrências, que é o que nos interessa. Em outras palavras, sabendo que um dicionário é constituído por tuplas do tipo (`chave, valor`), a ordenação típica seria pelas chaves (que, aqui, são as palavras), não pelos valores (os respectivos números de ocorrências). Felizmente, existe uma solução fácil para o problema: trata-se da função `sorted()`, que recebe um objeto iterável (como um dicionário) e retorna uma lista ordenada.

Ordenação dos valores de ocorrência

```
1  dic = ocorrencias(palavras)
2  mf = sorted(dic.items(), key=lambda tupla:tupla[1],
   ↪  reverse=True)[:10]
3  for palavra, n in mf:
4      print(palavra, '\t', n)
```

Para indicar à função `sorted()` que a ordenação deve ser feita pelo valor, definimos uma função local (dentro do escopo de `sorted()`) com o uso de uma expressão `lambda`, que recebe como argumento a tupla *(chave, valor)* e retorna o elemento de índice 1 da tupla, ou seja, o valor. Repare também que o parâmetro opcional `reverse` recebe o valor `True`, o que faz com que a ordenação seja invertida, isto é, do maior valor para o menor, para que possamos ver as palavras com mais ocorrências primeiro. A função `sorted()` retorna uma lista à qual atribuímos a variável `mf`. Por fim, será possível perceber, ao final do último parêntese, que a lista está sendo cortada a partir de seus dez primeiros elementos com `[:10]`. Esse número é totalmente arbitrário e seria possível indicar qualquer outro valor, ou mesmo não indicar limite algum, ficando com a lista inteira. Na prática, entretanto, quando se quer conhecer as palavras mais frequentes, existe um limiar de pertinência para o que se entende por "mais frequente", que não deve abarcar todas as palavras do corpus.

> ### Dica
>
> Evite exibir grandes conjuntos de dados diretamente na tela. Essa é uma operação seriada, isto é, o Python precisa imprimir os dados um após o outro, o que implica aguardar que cada operação de impressão seja concluída antes que outra possa começar, linha por linha, consumindo tempo. Além disso, é improvável que você precise mesmo ver muitos dados na tela. Se os dados forem servir a usos posteriores, para outras análises, será melhor gravá-los num arquivo. Haverá instruções para isso mais adiante.

As duas últimas linhas tratam da exibição de resultados na tela. O modo mais simples de fazê-lo seria exibir os elementos da lista de palavras mais frequentes, um a um, em cada linha na tela, mas, sabendo-se que esses elementos são tuplas, a exibição ficaria um pouco confusa. Por isso, optamos por declarar duas variáveis, `palavra` e `n`, a fim de apresentá-las de maneira visualmente mais clara, separadas por uma tabulação (`'\t'`). O resultado deve ser como o que se vê a seguir.

```
1   a        1473
2   o        1378
3   de       1198
4   que      1118
5   e        918
6   do       685
7   da       624
8   os       490
9   para     346
10  não      335
```

Olhando atentamente para os dados, é possível perceber entre essas palavras algumas características linguísticas em comum. São **palavras funcionais**, isto é, palavras de reduzida contribuição semântica ou nocional, que servem para estabelecer relações de outras palavras entre si. As preposições, os artigos, as conjunções, alguns pronomes e advérbios são exemplos desse tipo. Uma indicação clara de que sua contribuição semântica é pequena é que, ao olhar para as palavras mais frequentes em *Ubirajara*, não é possível ter qualquer ideia acerca do assunto de que trata o livro. Por conta dessa

PARA CONHECER Linguística Computacional

fraca contribuição semântica, é comum que essas palavras sejam eliminadas do corpus nas análises computacionais relacionadas ao significado.

Um conceito associado às palavras funcionais é o de **palavra vazia**.
Ele é frequentemente usado no processamento de língua natural para tratar de palavras que serão descartadas antes de passar a outras análises. As
palavras vazias não coincidem com as funcionais, pois tendem a ser um
conjunto mais amplo, que inclui as funcionais e, além delas, palavras de
categorias plenas, como os substantivos e os verbos, mas "banais" na pers-
pectiva de determinadas análises. Exemplos são os numerais por extenso e
os verbos auxiliares.

Como os critérios para determinação do que sejam palavras vazias
podem variar, não existe uma listagem consensual, e os pesquisadores costumam estabelecer eles mesmos suas próprias listas. O módulo NLTK traz
uma lista de 203 palavras vazias (em inglês, *stop words*) para o português,
que pode ser usada como um bom ponto de partida. Para ter acesso a ela,
depois de ter importado a biblioteca NLTK, use:

```
1 >>> import nltk
2 >>> vazias = nltk.corpus.stopwords.words('portuguese')
```

A lista de palavras vazias do NLTK e as listas de palavras frequentes em variados textos têm elevado grau de correspondência, de maneira
relativamente independente do texto considerado. Isso ocorre porque as palavras funcionais, que são a parte principal das palavras vazias, são sempre
as mais usadas em qualquer texto ou discurso. Como experiência, vejamos
quais são as palavras mais frequentes no livro de José de Alencar que *não*
aparecem na lista de palavras vazias.

```
1 >>> frequentes_plenas = [x for x in mf if x[0].lower()
    ↪ not in vazias]
2 >>> len(frequentes_plenas)
3 0
```

O resultado deve ter sido 0, ou seja, todas as dez palavras mais frequentes do livro são também vazias. Como exercício, agora, vamos refazer
a lista de palavras frequentes considerando vinte palavras dessa vez:

```
1  >>> mf = sorted(dic.items(), key=lambda tupla:
   ↪   tupla[1], reverse=True)[:20]
2  >>> for palavra, n in mf:
3      print(palavra, '\t', n)
```

Se você olhar a nova lista de palavras, deve perceber que ao menos uma delas não parece uma palavra vazia. De fato, se repetirmos a compreensão de lista feita anteriormente:

```
1  >>> frequentes_plenas = [x for x in mf if x[0].lower()
   ↪   not in vazias]
2  >>> frequentes_plenas
3  [('guerreiro', 235)]
```

teremos, dessa vez, uma única palavra, "guerreiro", como sobrevivente da filtragem pela lista do NLTK. Essa não é uma palavra vazia. É insistentemente empregada no livro em questão (235 vezes), mas não nos textos e discursos em geral.

5.2.1. HÁPAX LEGÔMENA

Hápax legômena, no plural, ou **Hápax legômenon**, no singular, é o termo técnico usado para designar as palavras com uma única ocorrência no corpus sob análise. Uma vez que o texto tenha sido transformado em uma lista de palavras, é muito fácil identificar os hápax legômena.

```
1  >>> hapax = [x for x in palavras if palavras.count(x)
   ↪   == 1]
2  >>> len(hapax)
3  4362
```

Conhecer os hápax legômena tem utilidade prática muito distinta daquela das palavras frequentes, como se pode imaginar. Há diferentes razões para uma palavra ocorrer uma única vez: raridade do lexema nos textos em geral, raridade da forma flexionada da palavra, neologia, erros de digitação... Pode ser difícil se decidir entre essas interpretações em alguns casos.

PARA CONHECER Linguística Computacional

Como a lista dos hápax legômena tende a ser grande, nem sempre será possível empreender uma análise caso a caso.

Existe, porém, ao menos um filtro automático que pode ser aplicado sobre as formas flexionadas de modo a eliminar variantes do mesmo lexema. Algumas conjugações de verbos, por exemplo, induzem à formação de hápax legômena porque são relativamente raras. Formas conjugadas de um verbo familiar como "comprar", digamos, como "comprei" ou "compraria", são fáceis de se encontrar; já "comprásseis" ou "comprardes" são muito pouco registradas – e, por isso, boas candidatas a hápax legômena. Se reduzíssemos todas as palavras do corpus a suas **raízes morfológicas**, o problema desapareceria. Ao mesmo tempo, seriam tornadas equivalentes formas de palavras no singular e no plural ("carro" e "carros" seriam ambas reduzidas à raiz "carr"). Esse não é um problema do ponto de vista da análise lexical, já que singular e plural são diferentes formas realizadas de um mesmo lexema. Entretanto, muitos novos e indesejados **homônimos** surgiriam: "nada", advérbio, e "nadaram", forma conjugada do verbo "nadar", seriam trazidas a uma raiz equivalente: "nad". Todas essas raízes seriam contadas uma única vez, afetando a descrição do corpus como um todo. Ainda assim, a técnica pode ser útil em determinadas situações, como a identificação mais precisa dos próprios hápax legômena.

Vamos usar um **stemmer**, isto é, um programa para reduzir as palavras a suas raízes. Ele faz parte do módulo NLTK.

```
1  >>> stemmer = nltk.stem.RSLPStemmer()
2  >>> raizes = [stemmer.stem(x) for x in set(palavras)]
3  >>> hapax = [x for x in raizes if raizes.count(x) ==
   ↪  1]
```

Experimente exibir alguns dos itens da lista `raizes`. Como seria de se esperar, você verá que não se trata de formas concretas de manifestação das palavras em textos e discurso. Em seguida, experimente ver quantos são os itens das listas `raizes` e da nova `hapax`, em contraste com a lista de palavras e da antiga lista de hápax legômena (baseada em palavras, não em raízes). A lista baseada em raízes tende a ser numericamente mais próxima do conjunto de entradas de um verdadeiro dicionário do que a lista de palavras que estabelecemos inicialmente. A razão disso é que, em portu-

90

guês, há muitas formas realizadas para os mesmos lexemas, seja por causa das flexões, seja por conta do acréscimo de prefixos e sufixos. Sendo assim, uma outra medida para a riqueza lexical do corpus seria dada pela divisão do conjunto de raízes distintas pela contagem absoluta de ocorrências de raízes – ou seja, uma divisão de *types* por *tokens*, exatamente como fizemos para calcular da riqueza vocabular com formas completas (flexionadas) das palavras (p. 85):

```
>>> len(set(raizes)) / len(raizes)
0.6252513645504165
```

É preciso salientar, entretanto, que a fórmula tradicional de cálculo da riqueza lexical é mesmo aquela primeira, usando as formas flexionadas.

6. ESTATÍSTICA DESCRITIVA

Até agora, nossas contagens limitaram-se àquilo que os estatísticos chamam de **frequência absoluta**, isto é, o número de observações de determinada variável (como o número de caracteres ou palavras, por exemplo), e à **frequência relativa**, isto é, a proporção de determinadas observações dividida pelo total de observações (como no caso da riqueza lexical). Vamos agora acrescentar alguns novos recursos a essas técnicas simples de descrição do corpus.

A **estatística descritiva** tem como objetivo organizar dados na forma de sínteses quantitativas e medidas comparativas. Permite expressar sucintamente a informação contida em grandes conjuntos de dados, incluindo a geração de **gráficos** como recursos visuais.

A seguir serão apresentadas medidas descritivas de posição: média, mediana e moda, e medidas de dispersão: variância e desvio-padrão.

6.1. Média

Em geral, quando se fala em média, o que se tem em mente é a **média aritmética**, que é obtida pela soma de todos os valores da amostra dividida pelo número de elementos somados. Assim, em um conjunto de valores 3, 5 e 7, a média aritmética é:

$$\frac{3+5+7}{3} = \frac{15}{3} = 5$$

Nota Técnica

Na estatística descritiva, há muitos tipos de média, dependendo do dado que se deseja apresentar. Existem médias que levam em conta pesos desiguais no conjunto de dados (chamadas "ponderadas"), médias em que se cortam valores extremos da amostra, isto é, os máximos e mínimos ("médias truncadas") e outras.

6.2. Mediana

A média aritmética é boa para descrever distribuições de dados em que se observam números semelhantes de valores "pequenos", "médios" e "grandes". Em outras situações, entretanto, a média aritmética pode resultar em um número que não represente bem o conjunto dos dados. Imaginemos, como ilustração, um conjunto de dados que expresse as idades em anos de sete pessoas: 5, 8, 6, 11, 8, 9, 127. Logo se vê que o conjunto reflete um grupo de seis crianças de cinco a nove anos e mais um adulto, este último em idade bastante avançada. Entretanto, se for feita a média aritmética da amostra, o resultado será:

$$\frac{5+8+6+11+8+9+127}{7} \approx 24{,}86$$

Esse valor é aproximado (note o símbolo $\approx$ ao invés de $=$) porque o resultado real da conta foi arredondado para duas casas decimais a fim de facilitar a leitura.

Tal resultado não reflete a condição de nenhuma das idades consideradas. Afinal, esse número, se entendido como a idade de uma pessoa, representaria um "jovem adulto" entre vinte quatro e vinte e cinco anos, sendo que não há ninguém com essa idade no conjunto de dados. Ocorre que a média é sensível à presença daquele (único) indivíduo com idade muito destoante da dos demais.

Essa ilustração é propositadamente exagerada, mas valores máximos e mínimos extremos constituem um problema real na análise de dados. Seria possível lançar mão de um outro cálculo de média, com ponderação ou truncamento, mas existe uma outra solução bastante simples, que é o uso da descrição dos dados por outra medida de posição chamada **mediana**.

Para o cálculo da mediana, o conjunto dos dados deve ser inicialmente ordenado do menor para o maior. Em seguida, o conjunto é dividido ao meio e, se o número n de elementos for ímpar, a mediana corresponde ao elemento na posição $\frac{n+1}{2}$. Se for par, a mediana é dada pela média aritmética dos dois elementos nas posições $\frac{n}{2}$ e $\frac{n}{2} + 1$. Em nosso exemplo, os dados ordenados ficariam assim: 5, 6, 8, 8, 9, 11, 127. Como são sete dados e, portanto, n é ímpar, a mediana é calculada por $\frac{7+1}{2} = 4$, ou seja, seu valor corresponde ao elemento ordenado que ocupa a quarta posição, que é 8. Em resumo, a ideia da obtenção da mediana é, basicamente, ordenar os valores em série, repartir a série ordenada em duas e escolher "o valor do meio", isto é, o valor central da série:

$$5 \quad 6 \quad 8 \quad \boxed{8} \quad 9 \quad 11 \quad 127$$

Esse resultado, 8, certamente reflete de maneira mais adequada o valor das idades apresentadas do que a média aritmética (24,86).

Vamos supor agora que fosse acrescentado mais um elemento ao conjunto de dados. Esse novo elemento terá o valor 132. Com ele, o número de elementos agora é par. O conjunto ordenado ficaria assim: 5, 6, 8, 8, 9, 11, 127, 132. A mediana é expressa pela média dos dois valores que dividem a série ao meio:

$$5 \quad 6 \quad 8 \quad \boxed{8} \quad \boxed{9} \quad 11 \quad 127 \quad 132$$

Nesse caso, portanto, a mediana é 8,5. Diferentemente do caso anterior, 8,5 *não* é um dos valores presentes no conjunto de dados, mas uma média entre eles. Ainda assim, permanece próximo a valores efetivamente encontrados no conjunto e continua a refletir mais fielmente a composição dos dados do que a média aritmética de todo o conjunto, que seria, agora, 38,25. Repare que a média, assim como a mediana, é puxada para cima com o acréscimo de um novo valor extremo, mas a influência desse novo valor, no caso da mediana, é muito mais suave do que no caso da média.

Por fim, existem conjuntos de dados em que a mediana e a média coincidem. É o caso daquele que usamos anteriormente para falar da média aritmética: 3, 5 e 7. Tanto a média quanto a mediana desse conjunto são 5.

6.3. Moda

A **moda** representa o valor mais frequente do conjunto de dados. No exemplo dos números 5, 8, 6, 11, 8, 9, 127, o número 8 aparece duas vezes, enquanto os demais aparecem uma única vez. Logo, 8 é a moda desse conjunto de dados. Um mesmo conjunto pode ter mais de uma moda, sendo chamado bimodal, trimodal ou multimodal, conforme o número de modas. Se nenhuma moda puder ser determinada, o conjunto é dito "amodal".

É importante mencionar que, diferentemente da média e da mediana, a moda pode também ser usada em descrições de dados não-numéricos, como palavras, o que pode ser interessante para análises de dados linguísticos.

6.4. Variância

Até agora, com a média, a mediana e a moda, estivemos preocupados com medidas que expressam os valores centrais do conjunto de dados, cada uma à sua maneira. Já a variância e o desvio-padrão, que veremos a seguir, são medidas da **dispersão** dos dados por relação à média.

A **variância** é calculada pelo quadrado da distância de cada um dos valores por relação à média. A média das diferenças quadráticas do conjunto de dados resulta na variância do conjunto.

Uma das razões para elevar ao quadrado as distâncias a partir da média é que esse procedimento permite que se tenha unicamente resultados positivos, já que um número qualquer elevado ao quadrado é sempre positivo. Se isso não fosse feito, haveria distâncias negativas nos casos em que um dado qualquer fosse menor que a média. Esses valores negativos competiriam com os positivos na expressão da dispersão, isto é, diminuiriam a dispersão e, assim, fariam com que o conjunto dos dados parecesse menos disperso do que realmente é.

O cálculo da variância não é difícil. Vamos experimentá-lo passo a passo em um exemplo. A banda de rock brasileira "Os Mutantes" lançou, no período inicial de sua carreira, em que Rita Lee era um de seus integrantes, um disco por ano, de 1968 a 1972. São cinco discos. Os quatro primeiros tinham 11 faixas cada e o último, 9 faixas. Parece claro que houve uma diferença (para menos) na produção gravada da banda. Será que a diferença é digna de nota? Vamos calcular a variância do conjunto de dados.

Primeiro, a média: 10,6. Agora, calculemos a distância de cada dado x por relação a ela, subtraindo-se a média do valor individual dos dados.

x	$x - 10,6$
11	0,4
11	0,4
11	0,4
11	0,4
9	$-1,6$

Observe, desde já, que o último dado manifesta uma distância maior por relação à média que os demais.

Em seguida, calculam-se os quadrados das distâncias obtidas.

$x - 10,6$	$(x - 10,6)^2$
0,4	0,16
0,4	0,16
0,4	0,16
0,4	0,16
$-1,6$	2,56

O último passo é computar a média dos quadrados das distâncias (na segunda coluna), o que resulta em 0,64. Essa é a **variância populacional** do conjunto de dados. Para o estudo de nosso exemplo, podemos usar a variância populacional porque dispúnhamos da totalidade dos dados estudados.

Nota Técnica

As análises estatísticas podem se referir a uma **população** (todo o universo de pesquisa), ou a uma **amostra**, que é um subconjunto da população. São exemplos de populações "os seres humanos", "os brasileiros" e "os moradores da Rua x". Usando noções relativas à língua natural, seriam exemplos "os adjetivos deste texto" ou "todas as palavras deste livro". Em alguns casos, pode ser difícil que se tenha acesso aos dados de uma população inteira. Uma das utilidades da estatística é generalizar observações das amostras para gerar inferências sobre toda a população, o que significa que estão sendo criadas estimativas para a população a partir de amostras. Analogamente, no trabalho com corpus, pode-se tentar generalizar aquilo que se observa no conjunto de dados para estimativas sobre a língua e o discurso em geral. Não é possível, por exemplo, descrever como se dá a colocação pronominal nos "enunciados produzidos por crianças brasileiras de 2 a 3 anos" senão por inferências geradas a partir de amostras.

As medidas de dispersão serão calculadas um pouco diferentemente conforme designem populações ou amostras. Na publicação de trabalhos científicos e mesmo nos módulos do Python ou outros programas que calculam estatísticas, quando não se diz explicitamente qual é o tipo de medida de dispersão usada, ela é amostral.

Se fosse necessário calcular a **variância amostral**, a única diferença estaria na última conta. Ao invés de computar a média dos quadrados das distâncias, estes seriam somados e divididos pelo tamanho da amostra menos um, $n - 1$.

Vamos a mais um breve exemplo. Os Mutantes gravariam ainda dois discos nos anos 1970, sem a participação de Rita Lee, com 7 e 12 faixas respectivamente. Esses dois valores são mais apartados um do outro. Será que a variância pode expressar essa diferença? Considerando que a média entre os dois valores é 9,5, veja a seguir uma tabela com os demais cálculos realizados:

x	$x - 9,5$	$(x - 9,5)^2$
7	-2,5	6,25
12	2,5	6,25

A variância é calculada pela média dos valores na terceira coluna. Como são idênticos, a média é igual a esses valores, 6,25.

Qual é a conclusão a extrair sobre a variância nesses dois breves exemplos? Falando diretamente, que ela deve ser tanto maior quanto maior a diferença entre os valores do conjunto de dados. O valor da variância é sempre positivo e será tanto mais próximo de zero quanto menos dispersos forem os dados. Se todos os dados forem idênticos, a variância será 0.

6.5. Desvio-padrão

O desvio-padrão é calculado pela raiz quadrada da variância. O efeito prático dessa operação simples é grande, pois permite que a dispersão seja expressa na mesma unidade da média. Assim, nos exemplos anteriores com os discos dos Mutantes, chegamos aos valores de variância de 0,64 (primeira fase da banda) e 6,25 (segunda fase) "faixas ao quadrado". Os desvios-padrão correspondentes, calculados pela raiz quadrada desses números são, respectivamente, 0,8 e 2,5 faixas.

Como regra geral para a apresentação de dados, sempre que for usada a média, não deixe de incluir uma medida da dispersão. Isso permite compreender, além do valor central do conjunto de dados (expresso pela média), o quanto pode haver de discrepância entre eles. O desvio-padrão é a medida mais usada para isso. Retomando os exemplos acima, poderíamos expor os dados desta forma: "a produção de faixas musicais dos Mutantes, entre 1968 e 1972, foi em média 10,6 (dp = 0,8) e, entre os anos seguintes da década de 1970, 9,5 (dp = 2,5)".

6.6. Estatísticas em Python

Já sabemos como encontrar o número de elementos de um conjunto ou de uma lista de dados usando a função `len()`. Na estatística descritiva, essa função pode ser usada para expressar o tamanho do conjunto de dados. Além dela, o Python possui funções para exibir os valores mínimo e máximo de listas e conjuntos, respectivamente `min()` e `max()`.

```
1  >>> x = [10, 1, 1000, 100]
2  >>> min(x)
3  1
4  >>> max(x)
5  1000
```

Existem, ainda, diversos módulos externos para estatísticas em Python, com diferentes possibilidades e recursos. Para a estatística descritiva, vamos usar o módulo `statistics`, que faz parte da biblioteca padrão do Python. A seguir, listamos algumas das operações mais comuns para a exposição quantitativa dos dados numéricos de um corpus x, usando os conceitos que expusemos neste capítulo.

```
Algumas funções do módulo statistics
1  import statistics as stat
2
3  print('Média: ', stat.mean(x))
4  print('Mediana: ', stat.median(x))
5  print('Moda: ', stat.mode(x))
6  print('Variância populacional: ', stat.pvariance(x))
7  print('Desvio-padrão populacional: ', stat.pstdev(x))
8  print('Variância amostral: ', stat.variance(x))
9  print('Desvio-padrão amostral: ', stat.stdev(x))
```

A fim de experimentar algumas dessas funções estatísticas, vamos usar o *corpus Machado* do módulo NLTK. Nele, a obra integral do autor está organizada de forma bastante conveniente, dividida em função de uma categorização literária da produção (romance, crônica, poesia, tradução etc.) e em ordem cronológica ascendente.

No início de seu programa, o corpus deve ser importado:

```
>>> from nltk.corpus import machado
```

Os textos do corpus Machado são como arquivos TXT, isto é, sem formatação ou caracteres especiais, como símbolos ou gráficos. Você não precisará abrir ou fechar o arquivo com os métodos do Python que já vimos antes, pois existe uma função do módulo NLTK para isso, que é a função `raw()`. Ela retorna uma string com o conteúdo completo de uma obra a cada vez. As obras aparecem numeradas e organizadas em uma estrutura semelhante à dos arquivos e pastas em um disco rígido. Os romances, por exemplo, são identificados como `romance/marm01.txt`, `romance/marm02.txt` e assim por diante. Se quiser, você pode ver a lista de todos os textos disponíveis com o método `readme()` do corpus Machado:

```
>>> print(machado.readme())
```

Agora que já sabemos ler os arquivos e dispomos das funções para a estatística descritiva oferecidas pelo módulo `statistics`, resta imaginar que tipo de dado gostaríamos de descrever. Propomos, como sugestão, calcular o uso médio de uma classe de palavras em diferentes tipos literários da produção machadiana. Escolhemos, para isso, os advérbios como classe de palavras; entre as obras, um conjunto de cinco romances será comparado a cinco crônicas.

6.6.1. INTERLÚDIO: UMA QUESTÃO DE ETIQUETAS

Para poder comparar o uso de advérbios entre várias obras, será necessário realizar a **etiquetagem morfossintática** (*pos-tagging*) de cada palavra dos contos e crônicas. Geralmente, as funções de etiquetagem recebem uma string com a palavra a etiquetar e devolvem uma tupla com a palavra e a etiqueta correspondente: ('são', 'VERB'), ('força', 'NOUN') etc. As etiquetas, nesses exemplos, são nomeadas em inglês para as palavras do português. Para produzi-las, usaremos o módulo **spaCy**, cujos procedimentos para instalação foram indicados anteriormente, na seção *Módulos externos / spaCy*.

Vamos começar por um breve teste do etiquetador morfossintático do spaCy.

```
1  >>> import spacy
2  >>> nlp = spacy.load('pt')
3  >>> doc = nlp('Será que vai funcionar essa
   ↪  etiquetagem?')
4  >>> etiq = [(x.orth_, x.pos_) for x in doc]
5  >>> print(etiq)
6  [('Será', 'VERB'), ('que', 'SCONJ'), ('vai', 'AUX'),
   ↪  ('funcionar', 'VERB'), ('essa', 'DET'),
   ↪  ('etiquetagem', 'NOUN'), ('?', 'PUNCT')]
```

Passemos à descrição das novidades presentes nesse código. Na linha 2, um objeto com o modelo linguístico para o português ('pt') é carregado e nomeado como nlp (falaremos mais sobre modelos linguísticos no capítulo seguinte). Em seguida, o objeto nlp recebe uma string a ser processada de acordo com os dados linguísticos relativos ao português (que fazem parte do modelo) e retorna uma sequência com os dados da string divididos em *tokens*: não só palavras, mas tudo o que faz parte da string original, incluindo marcas de pontuação, numerais (quando for o caso) etc. Como se trata de uma estrutura sequencial, podemos ter acesso a seus itens através de índices. Por exemplo:

```
1  >>> doc[0]
2  Será
```

Contrariamente ao que se poderia imaginar, `Será` não é uma string, mas um outro objeto do spaCy. Ele vem com recursos próprios relacionados ao modelo linguístico que foi gerado (para o português, no caso). Um desses recursos é a "forma ortográfica", designada por `orth_`:

```
1  >>> doc[0].orth_
2  'Será'
```

`'Será'`, desta vez, é uma string. Repare no detalhe sutil das aspas, ausentes na ilustração anterior.

Podemos, finalmente, chegar ao recurso que nos interessa, que é a etiquetagem morfológica. Ela é obtida através do método `pos_`.

```
1  tok[0].pos_
2  'VERB'
```

Note que o nome (ou "etiqueta") da parte do discurso (POS, *part of speech*) aparecerá sempre em inglês (`'VERB'`), mesmo com as palavras da string em português. Com esses elementos, é possível esclarecer a linha 4 do código no início desta seção, que gera uma lista de tuplas do tipo `(forma_ortográfica, POS)`.

Agora, sabendo como fazer a etiquetagem morfossintática, podemos voltar aos textos do corpus Machado.

6.6.2. BREVE EXERCÍCIO DE ANÁLISE: A ADVERBIAÇÃO DE MACHADO DE ASSIS

A ideia da análise proposta como ilustração da estatística descritiva era comparar a presença dos advérbios em romances e crônicas do corpus Machado. Vamos a ela.

Pode-se ler uma obra qualquer do corpus e ter seu conteúdo completo associado a uma string através do método `raw()`.

```
1  s = machado.raw(obra)
```

Sabendo-se que os nomes das obras no corpus são identificados por números em ordem crescente, podemos gerar uma lista contendo os cinco romances e as cinco crônicas que vamos analisar. A seguir, usaremos o método `raw()` do NLTK para ter as strings associadas às obras. Depois, vamos etiquetar os textos e, finalmente, gerar as estatísticas pertinentes, que são as médias e respectivos desvios-padrão, para cada conjunto de dados (conjunto 1: romances; conjunto 2: crônicas). O script a seguir implementa esses procedimentos.

Etiquetagem e estatísticas dos romances e crônicas

```
1  from nltk.corpus import machado
2  import spacy
3  nlp = spacy.load('pt')
4  import statistics as stat
5
6  obras = list()
7  for i in range(1, 6):
8      obras.append('romance/marm0' + str(i) + '.txt')
9
10  for i in range(1, 6):
11      obras.append('cronica/macr0' + str(i) + '.txt')
12
13  cont_adv = list()
14  for obra in obras:
15      print(obra)
16      s = machado.raw(obra)
17      doc = nlp(s)
18      etiq = [(pal.orth_, pal.pos_) for pal in doc]
19      adv = [(ort, pos) for (ort, pos) in etiq if pos ==
    ↪  'ADV']
20      cont_adv.append(len(adv) / len(etiq))
21
22  rom_m = stat.mean(cont_adv[:4])
23  rom_dp = stat.stdev(cont_adv[:4])
24  cro_m = stat.mean(cont_adv[5:])
25  cro_dp = stat.stdev(cont_adv[5:])
```

Sobre os loops que preenchem a lista `obras`, é sempre bom lembrar que as iterações com `for` usando `range` terminam sempre no número imediatamente anterior ao limite colocado (o limite está fora do intervalo). Assim, com `for i in range(1, 6)`, o bloco de execução que vem a seguir é executado cinco vezes. Com isso, preenchemos a lista de obras com cinco romances e, em seguida, com cinco crônicas.

A linha 15, no interior do loop iniciado por `for obra in obras`, tem uma função `print()` para mostrar a obra que está sendo processada. Essa informação não é estritamente necessária, obviamente, mas é útil, porque a etiquetagem das palavras de todas as dez obras pode tomar um tempo considerável, a depender da capacidade de processamento de seu computador. Em alguns casos, a máquina pode parecer ter travado durante o processamento. Saber em que ponto se está durante a leitura e tratamento dos dados traz certa dose de tranquilidade quando se trabalha com corpora volumosos.

Ao final desse mesmo loop, uma lista chamada `cont_adv` vai recebendo as porcentagens de advérbios em comparação com todas as etiquetas do texto.

Nas estatísticas, calculamos inicialmente a média e o desvio-padrão dos cinco primeiros itens da lista `cont_adv`. Esses valores correspondem aos romances. Depois, faz-se o mesmo com os cinco valores ao final da lista, que são relativos às crônicas. Em ambos os casos, o desvio-padrão usado é o amostral, porque partimos de divisões parciais no conjunto das obras, tanto com os romances quanto com as crônicas.

Esse script, na forma como está, não exibe os números resultantes dos cálculos diretamente na tela. Vamos escolher outra forma de apresentar esses valores.

6.7. Gráficos

O uso de gráficos é a forma usual de apresentação de estatísticas descritivas no meio acadêmico e científico. Em Python, a principal biblioteca para criação de gráficos é **matplotlib.pyplot**. Ela permite criar uma infinidade de tipos de gráficos, com diversas possibilidades de personalização dos formatos visuais (cores, títulos etc.), além de tornar muito fácil a exportação dos gráficos para arquivos externos, que podem ser usados por outros

PARA CONHECER Linguística Computacional

programas, como editores de texto, programas de criação de pôsteres e slides.

Comecemos com uma figura simples. Na sequência do script que acabamos de produzir para as estatísticas sobre romances e crônicas de Machado de Assis, digite o código a seguir:

Um gráfico de barras simples

```
import matplotlib.pyplot as plt

tipo_obra = ('Romances', 'Crônicas')
x = [0, 1]
y = [rom_m, cro_m]
dp = [rom_dp, cro_dp]
plt.bar(x, y, yerr = dp)
plt.xticks(x, tipo_obra)
plt.ylabel('Percentual médio de advérbios (%)')
plt.title('Adverbiação média em obras de M. de Assis')

plt.show()
```

Execute o script. Se tudo correr bem, você deve obter um gráfico semelhante ao da Figura 2.1.

No código acima, você deve ter observado que o gráfico é todo criado a partir do objeto plt, que é o nome que associamos ao módulo importado (matplotlib.pyplot). Criamos um gráfico de barras (plt.bar) em que os dois únicos parâmetros obrigatórios para as barras são x, y. Ambos devem ser preenchidos com listas relativas aos valores dos eixos x e y. Os valores de x são discretos nesse gráfico: a lista [0, 1] corresponde às posições horizontais das barras. Se um outro valor fosse atribuído, como, talvez, [0, 2], a segunda barra estaria distante da primeira, com um intervalo entre elas onde viria a barra correspondente à posição 1. Já os valores de y indicam a altura que as barras devem alcançar. Num gráfico como esse, os valores de y são os únicos numericamente significativos. Essa informação vem das médias que calculamos e pretendemos exibir, ou seja, é a lista [rom_m, cro_m].

Um parâmetro opcional interessante nos gráficos de barras é marcado pela palavra reservada yerr, que vem logo depois de x e y. Em nosso caso, esse parâmetro expressa o desvio-padrão da amostra, mas poderia também

104

Análise quantitativa de corpus

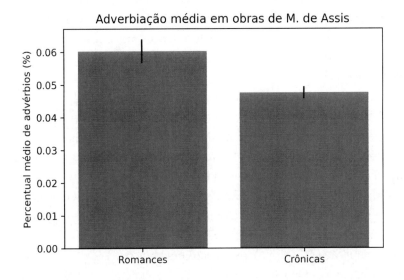

Figura 2.1: Um gráfico de barras simples como exemplo da estatística descritiva. A variável observada é a porcentagem de advérbios em comparação com as demais partes do discurso em amostras de romances ($n = 5$) e de crônicas ($n = 5$) de Machado de Assis.

ser usado para exibir outras medidas de dispersão (como o *erro padrão*, que motiva o nome do parâmetro `yerr`). São aquelas linhas verticais no topo e ao meio das barras. Através dos desvios-padrão nos gráficos, podemos ter uma ideia do quanto a média estava dispersa nos dados, ou seja, de como os dados individuais do conjunto se posicionam por relação à média.

Através dos gráficos, percebemos que as médias de colocação adverbial nos romances e nas crônicas de Machado de Assis são aparentemente distintas. Os desvios-padrão relativamente pequenos confirmam a impressão de que o estilo de adverbiação do autor é mesmo distinto conforme o gênero literário em que ele escreve. Os dados indicam que Machado tende a usar, em média, mais advérbios quando escreve um romance. Isso posto, para a verificação efetiva dessa hipótese, seria necessário aplicar testes da estatística inferencial, o que está além dos propósitos deste livro. Do ponto de vista da teoria e da crítica literária (que não é em absoluto a especialidade dos autores deste livro), seria necessário contemplar outros fatores, como a diferença entre os períodos de produção das crônicas e dos romances da amostra, sendo que as crônicas antecedem os romances. Fica a cargo do pesquisador saber utilizar os números de acordo com as hipóteses que pretende investigar.

Vamos a mais um gráfico. Dessa vez, será um gráfico do tipo "pizza", muito usado para mostrar divisões do conjunto de dados em categorias com suas respectivas porcentagens. Como ilustração, vamos aproveitar a etiquetagem morfossintática da última obra registrada em nosso script anterior, a crônica 5 do corpus Machado, associada à lista `etiq`.

Não vamos usar todas as etiquetas morfossintáticas presentes nessa lista. Ao realizar a etiquetagem automática pelo spaCy, muitas categorias podem ser desinteressantes para nossos fins. O etiquetador inclui categorias como a pontuação (`'PUNCT'`), os espaços em branco (`'SPACE'`), símbolos não-alfabéticos, como +, $, ÷ etc. (`'SYM'`), numerais (`'NUM'`), "palavras" irreconhecíveis, como "sdlkkjjsdf" (`'X'`) e outras. Isso não muda o cômputo da frequência absoluta das categorias tradicionais, como substantivos, verbos etc., mas interfere nos cálculos de porcentagem, que é o que nos interessa. Assim, nossa providência imediata será eliminar tais categorias:

```
1  lixo = ['PUNCT', 'SPACE', 'X', 'SYM', 'NUM']
2  pos2 = [pos for (pal, pos) in etiq if pos not in lixo]
```

Nota Técnica

É útil conhecer a lista completa das etiquetas atribuídas às partes do discurso. Existem muitas listas desse tipo, com diferentes categorizações e diferentes títulos para as etiquetas. A lista completa usada pelo spaCy pode ser encontrada aqui: `http://spacy.io/api/annotation#pos-tagging`.

Agora, com os dados filtrados, vamos criar um dicionário de ocorrências para cada parte do discurso restante. Para tanto, utilizaremos um dicionário default, como já fizemos anteriormente. Terminado o dicionário, vamos chamar de `nomes` as chaves do dicionário e de `ocorrencias`, os seus valores.

```
1  cont = defaultdict(int)
2  for p in poss:
3      cont[p] +=1
4
5  nomes = cont.keys()
6  ocorrencias = cont.values()
```

A última etapa é transformar os dados assim organizados em uma pizza. Eis a receita:

```
1  import matplotlib.pyplot as plt
2
3  plt.pie(ocorrencias, labels=nomes, autopct='%1.1f%%')
4  plt.axis('equal')
5  plt.show()
```

A terceira linha do script acima prepara a geração do gráfico de tipo pizza (*pie*, literalmente, uma "torta") com os parâmetros relativos aos tamanhos das fatias (onde entram as contagens registradas no dicionário de ocorrências), os nomes dos rótulos e um parâmetro opcional, `autopct`, que, quando presente, faz com que as porcentagens apareçam no meio das fatias.

A quarta linha, `plt.axis('equal')`, faz com que a pizza tenha aspecto redondo. Sem ela, o formato seria elíptico.

Juntando todas as partes, aqui estão o script completo e o gráfico produzido.

Uma pizza de POS

```
1  import matplotlib.pyplot as plt
2  from collections import defaultdict
3
4  lixo = ['PUNCT', 'SPACE', 'X', 'SYM', 'NUM']
5  pos2 = [pos for (pal, pos) in etiq if pos not in lixo]
6
7  cont = defaultdict(int)
```

PARA CONHECER Linguística Computacional

```
8   for p in pos2:
9       cont[p] +=1
10
11  nomes = cont.keys()
12  ocorrencias = cont.values()
13
14  plt.pie(ocorrencias, labels=nomes, autopct='%1.1f%%')
15  plt.axis('equal')
16  plt.show()
```

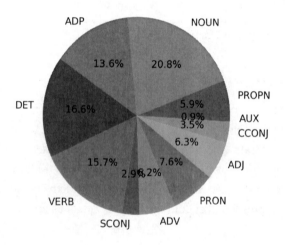

Figura 2.2: Um gráfico do tipo pizza com as porcentagens das partes do discurso (POS) na Crônica 5 do corpus Machado.

7. AVALIAÇÃO DA RELEVÂNCIA DE EXPRESSÕES NO CORPUS

Como já mencionamos neste capítulo, as palavras mais frequentes de um texto tendem a ser aquelas de pouca contribuição semântica; além disso, elas costumam repetir-se na maioria dos textos escritos na mesma língua. A contagem de ocorrência dessas palavras, entretanto, dificilmente é a mesma, como seria de se esperar. Ficaríamos surpresos se dois textos diferentes, ainda que de um único e mesmo autor, apresentassem exatamente a mesma frequência absoluta para uma palavra qualquer. Mais que isso, é preciso questionar o que os valores numéricos significam. Se um corpus apresentar uma palavra qualquer 1.000 vezes, será que isso significa que tal palavra é mais relevante nesse texto do que em outro em que ela apareça 500 vezes? Não existe uma resposta pronta para essa questão, mas existem métodos para tentar estimar a relevância das palavras nos textos.

7.1. TF

A **frequência do termo**, abreviada por $\mathbf{tf}_{t,d}$, da sigla em inglês *Term Frequency*, em que t representa um termo (ou palavra) e d, o documento que a contém (um arquivo de texto, em nossos exemplos), consiste numa divisão entre o número de ocorrências da palavra (ou "termo") pelo número total (com repetição) de palavras no texto ou "documento" *(d)*, como se vê na fórmula 2.1.

$$\mathrm{tf}_{t,d} = \frac{\text{ocorrências do termo } t}{\text{termos no documento}} \tag{2.1}$$

Nota Técnica

Há muitas noções diferentes associadas a *frequência*, mas, quando usada sem nenhuma outra especificação no trabalho com corpus, a frequência é um sinônimo para a contagem do número de ocorrências de uma expressão no corpus.

7.2. IDF

A interpretação para a relevância das palavras em função de sua presença no corpus é dupla: por uma lado, palavras frequentes em um único texto podem indicar a importância que elas têm no contexto circunscrito da obra. Basta pensar na recorrência dos nomes de pessoas e de lugares num romance ou mesmo em palavras-chave num texto temático, como "guerreiro", em *Ubirajara*. Por outro lado, se uma palavra tende a se repetir não só em um, mas em muitos textos ou, em alguns casos, em *todos* os textos pesquisados, a ideia de relevância é justamente a contrária: a palavra só pode aparecer em textos sobre assuntos diversos se *não* está propriamente associada a assunto algum. Esse é o caso das palavras vazias, tal como discutimos anteriormente. A relevância ou potencial informativo de uma palavra é, de acordo com essa noção, inversamente proporcional à sua frequência num grande conjunto de documentos diferentes. Essa é a **frequência inversa em documentos**, cuja sigla é **IDF** *(Inverse Document Frequency)*.

Vamos convencionar como df_t (do inglês, *Document Frequency*) a **frequência em documentos**, em que f é a frequência absoluta (isto é, a contagem) de documentos *(d)* que contêm o termo (ou palavra) t. Não importa o número de ocorrências da palavra no documento, isto é, se ela ocorreu uma única vez ou muitas vezes; só importa se ela ocorreu ou não, pois o que se conta é o número de documentos, não de palavras.

Nota Técnica

Existe também uma contagem do número cumulativo de vezes que uma palavra ocorre num conjunto de documentos. Trata-se da **frequência na coleção** (CF: *Collection Frequency*). Comparando-a à frequência em documentos, se, num conjunto de três documentos, uma palavra aparecer 100 vezes no primeiro, 200 vezes no segundo e nenhuma no terceiro, sua frequência na coleção (CF) será 300 e sua frequência em documentos (DF) será 2.

Para saber qual é a proporção de documentos que contêm um determinado termo em um total global de documentos, bastaria dividir df_t pelo número N de documentos totais, como em 2.2.

$$\frac{df_t}{N} \qquad (2.2)$$

Observe que, ao aplicarmos a fórmula, o resultado ficaria sempre entre 0 (nenhum documento contém o termo) e 1 (todos os documentos contêm o termo), com o valor aumentando em razão do número de documentos que contêm o termo. Por isso, o que se tem aí é precisamente o *inverso da relevância* do termo. Afinal, como vimos, palavras muito frequentes tendem a ser pouco informativas. Portanto, a fórmula que buscamos é exatamente o *inverso* desta última. E isso é simples: basta inverter o numerador e o denominador da fração, como em 2.3.

$$\frac{N}{df_t} \qquad (2.3)$$

Essa é nossa primeira fórmula para cálculo da IDF. Entretanto, a fórmula mais usada para esse cálculo tem uma conta a mais: trata-se da conversão logarítmica da primeira fórmula.

$$idf_t = \log_{10} \frac{N}{df_t} \qquad (2.4)$$

A conversão logarítmica permite *suavizar* as diferenças entre valores de IDF muito baixos e muito altos, de modo que palavras pouco frequentes não sejam consideradas completamente irrelevantes na comparação com outras muito frequentes. Aqui, usamos logaritmos de base 10 ($\log_{10}$), bastante comuns nesse tipo de tarefa. Isso significa que, a cada vez que o quociente $\frac{N}{df_t}$ chegar a uma potência de 10, o logaritmo resultante será um número inteiro correspondente ao "número de zeros" desse quociente. Por exemplo, se nosso corpus tiver 1.000 documentos e um determinado termo aparecer em 10 deles, o quociente será $\frac{1000}{10} = 100$, com o que teremos $\log_{10}(100) = 2$; se o termo aparecer em um único documento, indicando ser muito raro, teremos um resultado de IDF correspondentemente maior: $\log_{10}(1000) = 3$. Se, ao contrário, o termo aparecer em todos os documentos, indicando sua trivialidade, sua IDF será $\log_{10}(1) = 0$. Dessa forma, os quocientes inteiros podem ser usados como "faixas de relevância" do resultado (Tabela 2.1).

df_t	$\frac{N}{df_t}$	idf_t	relevância
1000	1	0	nenhuma
100	10	1	pouca
10	100	2	média
1	1000	3	muita

Tabela 2.1: Faixas de relevância dos resultados logarítmicos de idf_t para $N = 1000$ documentos.

Além disso, nos casos em que o resultado logarítmico não coincide com uma potência de 10, ainda assim podemos ter uma ideia bastante clara da relevância do termo. Como ilustração, pensemos num termo que ocorra em 735 dos 1.000 documentos. Seu IDF será $\log_{10}\left(\frac{1000}{735}\right) \approx \log_{10}(1{,}36) \approx$ 0,134. Esse resultado está situado entre 0 (nenhuma relevância) e 1 (pouca relevância), mas mais próximo de 0 que de 1, isto é, mais próximo de "nenhuma relevância" que de "pouca relevância". Isso acontece porque o número de documentos nos quais o termo é encontrado ($df_t = 735$) é mais próximo de 1.000 do que de 100.

7.3. TF-IDF

Com base nos valores de TF e de IDF, tal como calculados anteriormente, é possível combiná-los em um único produto, chamado **TF-IDF**, calculado pela multiplicação dos dois primeiros.

$$\text{tf-idf}_{t,d} = \text{tf}_{t,d} \times \text{idf}_t \tag{2.5}$$

TF-IDF procura medir a relevância de um termo em um documento, assim como TF, mas, combinando os dois valores que o compõem, TF-IDF é tanto mais alto quanto mais um termo bem representado num certo documento (medido por TF) é raro no conjunto dos documentos (medido por

IDF). É uma medida direta, ou seja, quanto maior o valor, maior o potencial informacional (ou relevância) de um termo.

7.4. Implementação e exemplos de TF-IDF

Passemos agora à criação de um script com funções para calcular essas frequências de termos e documentos. O primeiro passo é ter uma coleção de documentos. Vamos novamente recorrer ao corpus Machado.

A dimensão ideal do que é um "documento" depende do que se vai analisar. Em geral, é desaconselhável que o documento seja muito grande, como um livro. O ideal seria o inverso: ter um conjunto grande de documentos pequenos. Aqui, no entanto, somente para efeito didático e pela comodidade de contar com o corpus Machado, vamos tomar livros como documentos. Nossa coleção será constituída dos nove primeiros romances do corpus. Eles serão lidos, divididos em palavras e homogeneizados pelos procedimentos já conhecidos de conversão em letras minúscula e limpeza de caracteres não-alfabéticos. No código a seguir, lembre-se de que a função `limpar()` foi definida anteriormente neste mesmo capítulo (p. 82).

```
Criação da coleção de documentos
1   from nltk.corpus import machado
2
3   obras = list()
4   for i in range(1, 10):
5       obras.append('romance/marm0' + str(i) + '.txt')
6
7   colecao = list()
8   for obra in obras:
9       stringona = machado.raw(obra)
10      palavras = limpar(stringona.lower().split())
11      colecao.append(palavras)
```

Temos agora uma lista chamada `colecao`, em que cada item é a totalidade das palavras de um dos romances de Machado de Assis, por ordem cronológica. Passemos às funções que implementam as definições que vimos anteriormente.

Funções para cálculo de TF-IDF

```
1  import math
2
3  def tf(termo, doc):
4      return colecao[doc].count(termo) /
   ↪  len(colecao[doc])
5
6  def df(termo):
7      return len([d for d in colecao if termo in d])
8
9  def idf(termo):
10     return math.log10(len(colecao) / df(termo))
11
12 def tf_idf(termo, doc):
13     return tf(termo, doc) * idf(termo)
```

Repare que a função `idf()` usa o módulo `math`, que faz parte da biblioteca padrão do Python. Ele é necessário para a função de cálculo dos logaritmos. Deve ser importado no início do script, como se vê na ilustração anterior.

Ao executar as duas partes desse script (a criação da coleção e as funções), você pode começar a calcular os valores informacionais para qualquer palavra presente nos nove romances que compõem a coleção. Experimentar individualmente com algumas palavras ajuda a entender o funcionamento dos cálculos. Comecemos com a frequência em documentos.

```
1  >>> df('que')
2  9
```

A palavra "que" é uma das mais frequentes em língua portuguesa. Uma palavra vazia, sem dúvida. O resultado de sua frequência em documentos mostra que ela aparece em todos os documentos que reunimos, isto é, na coleção toda. Testemos outra palavra:

```
1  >>> df('capitu')
2  1
```

Esse resultado, naturalmente, mostra que a palavra "capitu" está presente em um único documento. Note que escrevemos "capitu" com minúsculas, pois as informações da lista de romances que criamos estão todas em letras minúsculas.

Observemos agora os valores de TF. Essa função recebe dois argumentos, sendo que o segundo identifica o romance no corpus. O número 7 corresponde a *Dom Casmurro*.

```
1  >>> tf('capitu', 7)
2  0.005223616893791578
3  >>> tf('que', 7)
4  0.041220482723655305
```

Como seria esperado, a frequência da palavra "que" em *Dom Casmurro* é muito maior do que a de "capitu".

Vejamos a Frequência Inversa de Documentos.

```
1  >>> idf('capitu')
2  0.9542425094393249
3  >>> idf('que')
4  0.0
```

IDF é, como se percebe, uma medida do potencial informativo das palavras. A palavra "que", por aparecer o tempo todo, tende a não informar nada.

Agora, resta saber se a palavra "capitu" é informativa no contexto específico de cada documento da coleção. Vamos experimentar com dois deles.

```
1  >>> tf_idf('capitu', 1)
2  0.0
3  >>> tf_idf('capitu', 7)
4  0.004984597293081326
```

Conforme seria possível prever, essa palavra só é informativa no documento em que aparece. Nos demais, acontece o que se vê no caso do romance de número 1: como o valor de TF é 0, TF-IDF também é.

Esses testes com as funções usaram poucas palavras como exemplos. Via de regra, porém, TF-IDF serve para fazer estimativas sobre todas as palavras de um documento ou de uma coleção. Continuando a usar *Dom Casmurro*, vamos agora escrever um script que calcule TF-IDF para todo o conjunto das palavras do romance e depois ordene os resultados, a começar pelos mais relevantes.

```
Listagem ordenada pela relevância das palavras
1 def mais_relevantes(doc):
2     lista_total = [(tf_idf(p, doc), p) for p in
↪   set(colecao[doc])]
3
4     return sorted(lista_total, reverse=True)[:50]
```

Agora basta escolher o romance pelo número para chamar a função.

```
1 >>> mr = mais_relevantes(7)
```

Se a lista `mr` for exibida, ela mostrará tuplas contendo as cinquenta palavras do romance com seus respectivos TF-IDF, ordenadas por este valor. Para ver somente as palavras (p), sem os números (v), você pode usar uma compreensão de lista como esta:

```
1 >>> [p for v, p in mr]
```

Nesse nosso exemplo, as dez primeiras entre as palavras mais relevantes encontradas foram, pela ordem: "capitu", "escobar", "seminário", "justina", "cosme", "bentinho", "pádua", "sancha", "ezequiel" e "cabral".

Sem dúvida, são palavras características do contexto desse romance bem conhecido. Repare a grande quantidade de nomes próprios que surgem, com "Capitu" em primeiro lugar. Isso se dá porque nomes próprios são bastante recorrentes em seus documentos de origem, mas tendem a não ocorrer igualmente em outros documentos da coleção. Porém, nem toda informação nessa pequena lista (que, por economia de espaço, só mostra as dez primeiras palavras) é tão evidente. Há também razões ligadas ao estilo do autor que explicam a prevalência de nomes próprios entre as palavras mais relevantes. Não seria difícil imaginar um autor que escrevesse com diferentes proporções de ações e qualidades por relação aos nomes próprios. Além disso, a própria dominância desses nomes próprios revela potencialidades interessantes: por contraste, o que faz a palavra "seminário" nessa lista? Essa é, entre as palavras mais relevantes que não são nomes próprios, a mais frequente (e não é uma palavra vazia). Além disso, se o nome de Capitu aparece em primeiríssimo lugar, o de Bentinho fica somente com a sexta posição. É possível ter uma ideia da reiteração desses nomes no romance com uma conta bem simples, dividindo-se:

```
>>> tf('capitu', 7) / tf('bentinho', 7)
```

O resultado mostrará que Capitu é mencionada seis vezes mais. Seguindo o mesmo raciocínio, o cálculo de

```
>>> tf('escobar', 7) / tf('bentinho', 7)
```

talvez desse ao narrador uma razão de ciúme a mais.

7.5. Limitações de TF-IDF

Apesar de úteis, as técnicas baseadas em TF-IDF têm limitações e é importante conhecê-las. Primeiro, há limitações práticas: quando o número de documentos é reduzido, o desempenho dessa medida é sensivelmente prejudicado. O mesmo se dá, naturalmente, com qualquer técnica probabilística de análise, como as que veremos nos capítulos seguintes. Entretanto, quando há poucos documentos disponíveis e a intenção é estudar a relevância potencial de palavras isoladas do contexto, como se faz com TF-IDF, existe a alternativa de se usar um corpus com valores pré-calculados de frequência em documento. Esse é o caso do corpus de legendas de filmes SUBTLEX-PT-BR (apresentado na Seção *Alguns corpora publicamente disponíveis* deste capítulo), cujos dados estão estruturados em um formato de tabela com três colunas: palavra, frequência absoluta no corpus e número de documentos em que a palavra ocorre. Nesse corpus, cada filme legendado corresponde a um documento. Assim, a última coluna representa um valor de DF para o corpus e pode ser usada em cálculos relativos à frequência da palavra em contextos conversacionais (conforme a Tabela 2.2).

Uma vez de posse dos resultados numéricos, inicia-se o trabalho de discussão crítica do que foi obtido. A análise do corpus poderia ainda ser refinada, como, por exemplo, pelo uso de um etiquetador morfológico (como

PARA CONHECER Linguística Computacional

Word	FREQcount	CDcount
o	1773371	12096
de	1447464	12095
a	1349974	12092
que	2135010	12089
e	1057272	12089
um	823472	12077
por	486750	12064
com	518663	12061
uma	552373	12055
para	672331	12051

Tabela 2.2: As dez primeiras palavras do corpus de legendas de filmes SUBTLEX-PT-BR em ordem decrescente (maior contagem primeiro) de sua presença em documentos (CD-count). O campo FREQcount traz a contagem absoluta da palavra no conjunto do corpus.

fizemos com o spaCy) para selecionar somente as partes do discurso que interessem para os fins da pesquisa desenvolvida. Você pode também gerar uma lista maior ou menor de palavras relevantes (o número que usamos, 50, é totalmente arbitrário), filtrar as palavras vazias, os hápax legômena, os nomes próprios (novamente aplicando o etiquetador morfológico), tanto antes como depois dos cálculos de relevância. O trabalho de análise de dados é, antes de tudo, experimental. Por causa da combinação da variabilidade dos corpora e das técnicas de análise existentes, não há solução adequada a todas as necessidades logo de saída. Assim, você pode e deve fazer experiências em suas análises, tomando o cuidado de explicitar claramente os procedimentos utilizados quando for divulgar o trabalho.

Existem limitações relacionadas ao alcance heurístico do método e estas são, talvez, as principais. Embora o cálculo de TF-IDF possa dar uma ideia de muitos dos conteúdos presentes nos documentos, isso funciona mais nos casos em que o léxico já traz em si muito da compreensão global do assunto do texto, o que se aplica principalmente aos domínios técnicos (científicos, jurídicos etc.). Nos textos artísticos, como *Dom Casmurro*, as palavras isoladas não chegam a apresentar por si mesmas os componentes principais do texto, como o desenvolvimento da narrativa e a caracterização "psicológica" das personagens.

8. CRIAÇÃO DE UM MÓDULO PARA TRATAMENTO DE CORPUS

Antes de concluir este capítulo, aqui vai uma rápida sugestão prática. Você deve se lembrar que, no capítulo anterior, vimos como criar e importar nossos próprios módulos externos a fim de fornecer recursos reutilizáveis (funções personalizadas, principalmente) para outros scripts (ver a Seção *Módulos externos*). No capítulo atual, tivemos a oportunidade de desenvolver diversas funções que podem ser úteis em outros scripts. As funções que nos parecem mais importantes estão destacadas com títulos em fundo escuro nas listagens de código. Por exemplo:

Limpeza de palavras com pontuação e conversão para minúsculas

```
1  def limpar(lista):
2      lixo = '.,:;?!"`()[]{}\/|#$%^&*'
3      quase_limpo = [x.strip(lixo).lower() for x in
   ↪  lista]
4
5      return [x for x in quase_limpo if x.isalpha() or
   ↪  '-' in x]
```

Nossa sugestão é, portanto, que você reúna as funções que lhe pareçam mais interessantes e grave-as num arquivo com um nome como, digamos, `corpus.py`. A partir de então, esse arquivo poderá ser importado para ser usado em outros scripts ou em modo interativo, diretamente no console do IDLE. Como ilustração:

```
1  >>> import corpus
2  >>> corpus.limpar(['palavra!', '1234', '#$%'])
3  ['palavra']
```

PARA CONHECER Linguística Computacional

• LEITURAS SUGERIDAS

Allen Downey, autor de *How to Think like a Computer Scientist*, que foi sugerido no capítulo anterior como material de apoio para o aprendizado de Python, escreveu também um livro de introdução à estatística: *Think Stats* (2014). Assim como aquele livro, esse é um manual de nível introdutório, escrito com muita clareza. Trata da estatística descritiva, que vimos neste capítulo, e de tópicos da inferência estatística, como testes de hipóteses, modelos de previsão etc. Além da exposição teórica, são realizadas análises práticas em Python. Pode ser baixado em: `http://greenteapress.com/wp/think-stats-2e/`

Um bom material sobre mineração (ou prospecção) de informações é *Data Science from Scratch*, de Joel Grus (2015). A obra apresenta muitos dos principais métodos utilizados hoje em dia para exploração de dados (como regressões lineares simples e múltiplas, clusterização, redes neurais e muitos outros). O livro começa com uma revisão dos fundamentos de estatística, probabilidade, álgebra linear e até mesmo de Python. As explicações são concisas e os exemplos vão direto ao ponto.

O livro *Introduction to Information Retrieval*, de Manning, Raghavan e Schütze (2008), é inteiramente dedicado à organização de dados e recuperação da informação, abordando detalhadamente técnicas de indexação, busca e cálculos de relevância (como TF–IDF) em dados, inclusive em grandes redes, como a internet.

• EXERCÍCIOS

1. Escreva uma função que:

    (a) Receba uma string e elimine dela os caracteres não-alfabéticos

    (b) Crie um dicionário que tenha como chaves as letras contidas na string e, como valores, as respectivas contagens de ocorrências das letras

    (c) Retorne uma lista ordenada das letras em função de seu número de ocorrências

Dicas:

- A maneira mais fácil de resolver este exercício é criar uma função que chame outras funções para as tarefas específicas

- Você pode usar a função `limpar()` para resolver a primeira parte do problema

- A função `ocorrencias()` pode ser utilizada para criar o dicionário e retornar a lista ordenada

2. Teste a função com uma string pequena, como

```
1  'Esta é uma string para testar a solução.'
```

3. Em seguida, aplique a mesma função em dois ou mais livros inteiros. Sugerimos usar arquivos TXT, como aqueles disponíveis através do Projeto Gutenberg. Compare os resultados das contagens de ocorrências de letras geradas. Há diferenças nas letras mais frequentes entre as obras?

4. Baixe dois livros de línguas diferentes no site do Projeto Gutenberg. Aplique nos textos sua função de identificação e contagem das letras e, baseando-se em seus resultados, responda:

   (a) Quais são os alfabetos (ou seja, o conjunto das letras) usados para escrever nessas duas línguas?

   (b) Quais as letras presentes em um alfabeto e não no outro?

   (c) Quais são as letras mais frequentes em cada uma dessas línguas?

   (d) Quais as letras menos frequentes? Se houve hápax legômena, o que eles significam nesses contextos dos alfabetos?

Para os exercícios que vêm a seguir, usaremos o romance *Memórias Póstumas de Brás Cubas*. No corpus Machado, ele aparece identificado como `romance/marm05.txt`. Abra o arquivo com o método `raw()` do NLTK, que retorna uma string com todo o conteúdo da obra:

PARA CONHECER Linguística Computacional

```
1  texto = machado.raw('romance/marm05.txt')
```

A partir daí, faça os procedimentos indicados e responda às perguntas.

1. Conte o número de caracteres do texto

2. Limpe o corpus

3. Conte as palavras do texto

4. Calcule a riqueza lexical do texto

5. Divida as palavras do texto em função de seu número de ocorrências e responda:

   - As vinte palavras mais frequentes do romance *Memórias Póstumas* são semelhantes às palavras mais frequentes de *Ubirajara*?

   - O que isso representa em termos linguístico-discursivos, isto é, quanto ao uso concreto da língua?

6. Retire da lista de palavras frequentes as palavras vazias. Compare novamente os resultados entre os dois textos.

7. Crie uma lista com os hápax legômena do texto de Machado de Assis e responda:

   - Comparando a extensão dessa lista com aquela dos hápax legômena de *Ubirajara*, o que se pode inferir?

   - Quais são os hápax legômena em comum nos dois textos?

MODELOS DE N-GRAMAS

Objetivos gerais do capítulo

- Apresentar a noção de probabilidade e sua relevância no contexto de tarefas ligadas ao processamento de linguagem natural
- Introduzir a noção de modelo probabilístico de linguagem
- Introduzir o conceito de n-gramas e os modelos de linguagem construídos a partir deles
- Implementar, passo a passo, um modelo de n-gramas em Python

1. INTRODUÇÃO

Diversas tarefas ligadas ao processamento de linguagem natural requerem a estimativa de ocorrência de uma palavra ou de uma expressão linguística mediante um certo grau de incerteza. Considere, por exemplo, os cinco casos abaixo. Tente responder a cada pergunta optando por uma das alternativas fornecidas:

1. Qual é a próxima palavra na sequência "O jogador chutou a ____"?

    (a) bola

(b) mola

2. Qual é a melhor sugestão de correção para o erro ortográfico em "Cajda de caramelo é uma delícia"?

(a) calda

(b) cauda

3. Que palavra o autor da sentença "Foi surpreendente o desempenho do maestro no conserto" queria usar quando digitou "conserto"?

(a) concerto

(b) conserto

4. Qual das duas traduções português-inglês abaixo é a mais adequada para a expressão "meu caro amigo"?

(a) my dear friend

(b) my expensive friend

5. Qual é a melhor segmentação em palavras para a sequência "detergenteempó"?

(a) detergente em pó

(b) deter gente em pó

Muito provavelmente, você optou pelas alternativas (a) em todos os cinco casos. Note, entretanto, que nenhuma das palavras ou expressões em (a) ou em (b) é agramatical. Vistas isoladamente, estão todas de acordo com a ortografia e a sintaxe do português (ou do inglês, no caso da tradução). Entretanto, as sequências resultantes da escolha de (a) são, intuitivamente, mais prováveis que aquelas ao se escolher (b), e parece ter sido essa a intuição que o levou a tomar uma decisão sem maiores dilemas. Por exemplo, parece-nos bastante plausível imaginar que, em um texto sobre o qual não temos maiores informações, a chance de aparecer uma sentença como "calda de caramelo é uma delícia" é muito maior que a de aparecer uma sentença como "cauda de caramelo é uma delícia". Da mesma maneira, parece-nos plausível imaginar que a tradução correta para "meu caro amigo" seja "my dear friend", e não "my expensive friend", ainda que um dicionário bilíngue ofereça tanto "dear" quanto "expensive" como boas traduções para "caro". Mas, no contexto da sequência em questão, é um tanto improvável que o autor estivesse falando de amigos de preço elevado e não de um amigo por quem se tem grande estima. Obviamente, não há como ter certeza absoluta de que suas decisões nos casos acima estejam corretas, já que isso implicaria entrar, por assim dizer, na mente do autor dos textos em questão, verificando suas reais intenções comunicativas. Por isso, falamos desde o início em estimativas e, sobretudo, em **probabilidades**, ao invés de decisões categóricas, em que uma das alternativas é eliminada com certeza absoluta.

A despeito dessa limitação intrínseca, automatizar tarefas como as envolvidas nos exemplos acima é algo com grande potencial de utilidade, mesmo se embutirmos o custo da incerteza. Pense nos aparelhos celulares com suas pequenas telas e nos aplicativos capazes de sugerir em tempo real a próxima palavra a ser digitada em uma mensagem, reduzindo bastante o número de toques na tela, ou em um corretor ortográfico que seja capaz de identificar erros, não apenas como aquele em (2), em que a sequência digitada não corresponde a nenhuma palavra da língua, mas também como o que se vê em (3), em que o suposto erro só é detectável no contexto da frase, olhando-se para as palavras que coocorrem com a palavra-alvo. A essas utilidades, soma-se a possibilidade de se refinar automaticamente uma tradução, como em (4), ou o complexo processo de sintetizar a fala e convertê-la em um texto escrito, segmentado em palavras, como em (5).

Como já deixamos antever, na base da execução dessas tarefas está a noção de probabilidade, e, em particular, a probabilidade de uma sequência de ocorrências. Se conseguíssemos atribuir probabilidades a sentenças, entendidas como sequências ou grupos de palavras, poderíamos especificar tais probabilidades e dizer, por exemplo, que a probabilidade da sentença "o jogador chutou a bola" é bem maior que a da sentença "o jogador chutou a mola".

Um modelo capaz de atribuir probabilidades a sequências de elementos linguísticos em um certo nível de análise (sons/letras, morfemas, palavras…) é chamado de **modelo probabilístico de linguagem**. Neste capítulo, apesentaremos um dos modelos probabilísticos mais conhecidos no campo da linguística computacional, que alia simplicidade e bons resultados. Trata-se dos **modelos de n-gramas**. Como tais modelos assentam-se sobre as noções de probabilidade e de n-gramas, começaremos explicitando-as para, logo em seguida, discutirmos os modelos propriamente ditos e, por fim, implementá-los em Python.

2. PROBABILIDADES

Informalmente, **probabilidade** é uma medida relacionada à chance de ocorrência de um evento qualquer. Frequentemente, encontramo-nos em uma situação que não nos permite dizer com certeza se um certo evento irá ou não ocorrer. Ainda assim, pode não ser uma situação de total ignorância e termos intuições ou informações do tipo "a chance de tal evento ocorrer é maior do que a chance de não ocorrer". É comum que sejam atribuídos valores numéricos a essas estimativas. Quando ouvimos do serviço de meteorologia que a chace de chover nas próximas horas é de 90% (ou 0,9), temos informações mais valiosas do que simplesmente a de que pode ou não chover nas próximas horas, e podemos tomar decisões com mais segurança, ainda que dentro do domínio das incertezas.

É nesse contexto que a noção de probabilidade está inserida. Para nós, a probabilidade será um importante instrumento na formulação de modelos que podem ser usados na resolução de tarefas ligadas ao processamento de linguagem natural. Interessam-nos, pois, menos os fundamentos matemáticos ou filosóficos ligados a ela, e mais esse valor instrumental. Tecnicamente, vamos apenas nos ater ao seguinte ponto neste início: probabilidades são valores numéricos situados no intervalo entre 0 (zero) e 1 (um), sendo zero atribuído a eventos sem nenhuma chance de ocorrer, e 1, a eventos que com certeza absoluta ocorrerão. Valores intermediários codificam diferentes graus de certeza sobre a ocorrência do evento em questão. Além disso, quando estivermos diante de um conjunto de possibilidades mutuamente excludentes e que cubram todo o espaço de possibilidades, exigiremos que a soma de todas as probabilidades em questão seja igual a 1. Assim, se, diante de uma partida de futebol prestes a começar entre duas equipes, A e B, soubermos que a probabilidade de A vencer é de 0,6 (60%) e que a de B vencer é de 0,3 (30%), inferimos automaticamente que a probabilidade de empate é de 0,1 (10%). Usaremos a notação $p(E)$ para fazer referência à probabilidade de o evento E ocorrer.

Frequentemente, falaremos de **probabilidades condicionais**. Trata-se da probabilidade de um evento E ocorrer caso um evento F tenha ocorrido. Por exemplo, se um dado não-viciado de 6 faces acabou de ser lançado e não sabemos em absoluto que face ficou para cima, dizemos que a probabilidade de ser a face correspondente ao número 2 é de $\frac{1}{6}$. Entretanto, se alguém nos oferece uma informação adicional, dizendo que foi uma face par, então diremos que a probabilidade de ser a face 2 é de $\frac{1}{3}$, pois as possibilidades se reduziram a apenas três (2, 4, 6), todas elas equiprováveis. Representamos a probabilidade condicional de um evento E ocorrer dado um evento F também ocorrer como $p(E|F)$.

Com esses fundamentos em mãos, passemos a um exemplo mais próximo à linguística, que nos levará aos modelos de n-gramas, tema deste capítulo. Uma questão central na construção de modelos probabilísticos é o modo de atribuição de probabilidades a eventos. Em várias situações, sobretudo em trabalhos com corpora, é comum equacionar probabilidades com frequências relativas.

Imagine, por exemplo, que estejamos diante de um longo texto (ou conjunto de textos) contendo cem mil palavras, entendidas, aqui, como ocorrências (*tokens*), não como tipos (*types*), ou seja, há palavras que ocorrem diversas vezes. Suponha que haja, no total, mil ocorrências da palavra "professor", cinco mil da palavra "piano" e quatrocentas da palavra "tecla". A partir desses dados, chegamos facilmente a frequências relativas:

- professor: 0,01 $\left(\frac{1000}{100000}\right)$

- piano: 0,05 $\left(\frac{5000}{100000}\right)$

- tecla: 0,004 $\left(\frac{400}{100000}\right)$

A ideia por trás de estimar probabilidades com frequências relativas é que, se selecionarmos aleatoriamente uma ocorrência de palavra nesse corpus, a chance de selecionarmos "professor" seria de 0,01 (ou 1%), a de selecionarmos "piano" seria de 0,05 (ou 5%) e a de selecionarmos "tecla", de 0,004 (ou 0,4%). Por esse mesmo processo, podemos atribuir probabilidades a todas as palavras do corpus, sendo a soma de todas elas igual a 1 (ou 100%). Note-se, finalmente, que a probabilidade de palavras que não tenham ocorrido no corpus será zero ($\frac{0}{100000}$).

Em relação a probabilidades condicionais, realizamos um percurso análogo. Por exemplo, imagine que fiquemos sabendo que uma palavra selecionada aleatoriamente no corpus começa com a letra "p". Nessa condição, qual seria a probabilidade de essa palavra ser "professor"? O número absoluto de ocorrências dessa palavra, que aparecerá no numerador da fração, correspondente à frequência relativa, número que já sabemos (1.000). Como agora nosso universo de possibilidades se restringe às palavras que começam com "p", é esse universo que deve figurar no denominador da fração. A título de mera ilustração, suponhamos que haja 8.000 palavras começando com "p". Temos, então, que a probabilidade de a palavra ser "professor" nessa condição é 0,0125 ($\frac{1000}{8000}$), e a de ser "piano" é de 0,625 ($\frac{5000}{8000}$). Obviamente, a probabilidade de ser a palavra "tecla" é simplesmente zero, já que a mesma não faz parte desse universo mais restrito de possibilidades.

No caso acima, condicionamos a ocorrência de uma palavra a um de seus atributos intrínsecos: sua letra inicial. É igualmente possível usarmos atributos que poderíamos chamar de contextuais. Voltando a nosso corpus, imagine que fiquemos sabendo que a palavra selecionada aleatoriamente é imediatamente precedida pela palavra "experiente". Nesse novo cenário, as probabilidades condicionais de "professor" e "piano" se alteram. Intuitivamente, a probabilidade de "professor" passa a ser bem maior que a de "piano". Numericamente, nosso novo universo de possibilidades são as ocorrências imediatamente precedidas por "experiente". Imagine, por exemplo, que haja no corpus 100 ocorrências dessa palavra e que, dentre elas, 60 sejam seguidas da palavra "professor" e apenas 5, da palavra "piano", sendo as demais ocorrências (35) seguidas de outras palavras do

128

vocabulário. Nesse caso, diremos que $p(professor|experiente)$ – a probabilidade de "professor" ocorrer dado que a palavra imediatamente anterior é "experiente" – é de 0,6 ($\frac{60}{100}$). Já $p(piano|experiente)$ seria de apenas 0,05 ($\frac{5}{100}$).

Resumindo esse último ponto, conseguimos capturar um certo aspecto sintagmático do corpus, relacionado a sequências de palavras adjacentes, baseando-nos em um certo tipo de probabilidade condicional. É justamente esse tipo de condicionamento probabilístico, em que a ocorrência de uma palavra é estimada em função de palavras que a precedem, que está na base dos modelos de n-gramas, aos quais passamos agora.

3. DEFINIÇÃO DE N-GRAMAS

Um **n-grama** é simplesmente uma sequência de n elementos em um determinado nível de análise (letras, morfemas, palavras etc.). Neste capítulo, limitaremos nossa atenção a sequências de palavras, em particular àquelas internas a uma sentença. A depender do valor de n, falamos em unigramas, bigramas, trigramas, quadrigramas... Como ilustração, tomemos a sentença abaixo e sua análise em uma sucessão de n-gramas de diferentes tamanhos:

- Sentença: "O jogador chutou a bola"

- **unigramas:** o, jogador, chutou, a, bola

- **bigramas:** (o, jogador), (jogador, chutou), (chutou, a), (a, bola)

- **trigramas:** (o, jogador, chutou), (jogador, chutou, a), (chutou, a, bola)

- **quadrigramas:** (o, jogador, chutou, a), (jogador, chutou, a, bola)

Será conveniente incluir, também, **marcadores de fronteira de sentença** para assinalar os contextos de início e final de sentença. Como se sabe, essas posições têm muita importância na análise sintática. Existem recursos da escrita para indicá-las, como a pontuação e a letra inicial em maiúscula no início das sentenças. Na notação convencionalmente empregada nas análises computacionais, são usados os símbolos <s> para marcar o início e </s> para marcar o término de uma sentença. Dessa forma, teríamos, como ilustração, a seguinte análise em bigramas para a sentença citada anteriormente:

```
(<s>, o), (o, jogador), (jogador, chutou), (chutou, a),
(a, bola), (bola, </s>)
```

Para valores maiores de n, adicionam-se marcadores extras para o início. No caso de trigramas, por exemplo, teríamos:

```
(<s>, <s>, o), (<s>, o, jogador), (o, jogador, chutou),
(jogador, chutou, a), (chutou, a, bola), (a, bola, </s>)
```

Dessa forma, estaria preservada a informação de que "o" é a primeira palavra da sentença e de que "jogador" é a segunda, logo após "o". Isso será útil a partir de agora na construção dos modelos baseados em n-gramas.

4. MODELOS DE N-GRAMAS E CADEIAS DE MARKOV

Modelos de n-gramas são modelos probabilísticos em que se estima a probabilidade de uma sequência qualquer a partir dos n-gramas que a compõem.

A cada n-grama $w_1 w_2 \ldots w_{n-1} w_n$ é atribuída uma probabilidade condicional: a probabilidade de w_n, dados os $n-1$ elementos $w_1 w_2 \ldots w_{n-1}$ que o antecedem. Assim, a **probabilidade associada a um n-grama** é expressa por $P(w_n | w_1 w_2 \ldots w_{n-1})$. Vamos desenvolver o significado da fórmula.

A ideia central é que a ocorrência de uma palavra em uma sequência é condicionada somente pelas $n-1$ palavras que a antecedem imediatamente. Desprezam-se influências de palavras mais distantes, no que se conhece como **Assunção de Markov**.

Nota Biográfica

Andrey Andreyevich Markov (⋆1856, †1922) foi o membro mais célebre de uma família de matemáticos russos. É conhecido, principalmente, pelas cadeias de Markov, processos aleatórios que permitem estimar um evento ou estado futuro com base somente no estado atual do processo, independentemente de seus estados passados. Como estamos vendo neste capítulo, modelos de bigramas, por exemplo, buscam estimar a próxima palavra de uma sequência baseando-se apenas na palavra que a antecede imediatamente. Vem daí a associação desses modelos com as cadeias markovianas.

Trata-se, sem dúvida, de uma simplificação. Não se nega que a ocorrência de uma palavra possa ser influenciada por essas palavras mais distantes que a antecedem num texto. Acredita-se, no entanto, que a simplificação de se limitar esse contexto pode levar a uma aproximação satisfatória para a execução de certas tarefas e que eventuais perdas sejam compensadas justamente pela facilidade de poder calcular essas dependências locais. Deve estar claro, entretanto, que, quanto menor o valor de n, menor o poder do modelo de capturar a relevância do contexto anterior para a escolha ou previsão de uma palavra.

Consideremos, como exemplo, a chance de a sequência "o jogador chutou a __" ser completada com a palavra "bola". A tabela 3.1 mostra como alguns modelos poderiam nos auxiliar nesse sentido. Note que, nos modelos de trigramas e de quadrigramas, o cálculo da probabilidade leva em conta a natureza do verbo, algo certamente desejável. Se o verbo fosse "beber", a probabilidade de terminar a sentença com o substantivo "bola" seria muito menor. Chama a atenção, também, o poder ainda maior do modelo dos quadrigramas, capaz de incluir o núcleo do sujeito, "jogador", no cômputo da probabilidade. Na direção oposta, o modelo de bigramas é capaz de detectar apenas a sensibilidade em relação à palavra imediatamente anterior, nesse caso, o artigo definido "a". Pode ser pouco, mas de modo algum desprezível. Por exemplo, se houvesse no lugar desse artigo a forma plural

Modelo	n	Probabilidades
Quadrigramas	4	$P(bola\|jogador\ chutou\ a)$
Trigramas	3	$P(bola\|chutou\ a)$
Bigramas	2	$P(bola\|a)$
Unigramas	1	$P(bola)$

Tabela 3.1: Exemplos de probabilidades associadas a n-gramas.

"as" ou a forma masculina "o", a probabilidade seria muito menor, talvez nula. Por fim, note que o modelo de unigramas é totalmente insensível ao contexto sentencial, refletindo apenas a chance de uma palavra ocorrer em um texto, independente de sua posição. Nesse modelo mais rudimentar, não se captura qualquer aspecto relacionado à ordem de palavras.

5. CONSTRUINDO UM MODELO DE N-GRAMAS

Passemos agora a uma ação mais concreta, a construção de um modelo de n-gramas a partir de um corpus. O primeiro passo, naturalmente, é a definição do valor de n. Para efeitos de ilustração, vamos propor que esse valor seja 2 e, portanto, que estejamos construindo um modelo de bigramas. O próximo passo é definir o vocabulário (palavras, no caso) a partir do qual são formados os n-gramas e as probabilidades condicionais de que falamos acima. Essas probabilidades são, por assim dizer, os parâmetros que especificam um modelo de n-gramas (para um n já definido) e são obtidas a partir de um corpus, geralmente uma vasta coleção de textos. Esse corpus é chamado de **corpus de treinamento**, e o processo de obtenção das probabilidades é chamado de **treinamento do modelo**. Quanto às probabilidades, já salientamos a conveniência e simplicidade de estimá-las como **frequências relativas**, obtidas a partir da contagem simples de n-gramas. Esse tipo de estimativa é conhecido como **estimativa por máxima verossimilhança** – *Maximum Likelihood Estimate (MLE)*, em inglês.

Uma vez selecionado o corpus, tendo concluído sua segmentação em sentenças que, por sua vez, são segmentadas em palavras, basta contarmos os n-gramas e calcularmos algumas frações. Fixando o que já começamos a ver mais acima, suponha que nosso corpus tenha 1.000.000 de ocorrências, que a palavra "esse", por exemplo, tenha ocorrido 2.000 vezes e que o bigrama "esse menino" tenha ocorrido 10 vezes. Isso quer dizer que, das 2.000 ocorrências da palavra "esse" no corpus, 10 delas eram seguidas da palavra "menino". Representando por $C(X)$ a contagem (número de ocorrências) de uma palavra ou sequência de palavras X qualquer, temos:

$$P_{MLE}(menino|esse) = \frac{C(esse\ menino)}{C(esse)} = \frac{10}{2000} = 0,005 \qquad (3.1)$$

Após fazer contagens semelhantes para todos os n-gramas construídos a partir do vocabulário em questão e computarmos as respectivas frações, teremos fixado todos os parâmetros do modelo, o qual pode ser visualizado na forma de uma matriz, como ilustrado na tabela 3.2. De acordo com a célula destacada em negrito nessa tabela, $P_{MLE}(palavra_3|palavra_1) = 0,003$. As demais células teriam interpretações análogas.

	palavra$_1$	palavra$_2$	palavra$_3$	...
palavra$_1$	...	...	**0,003**	...
palavra$_2$	...	...	...	...
palavra$_3$	...	...	...	...
...	...	...	...	...

Tabela 3.2: Visualização de um modelo de bigramas.

Em nosso exemplo, o vocabulário subjacente ao modelo é extraído do próprio corpus de treinamento, equivalendo ao conjunto (sem repetições, portanto) das palavras (*types*) presentes nele. Se pensarmos num corpus representativo da totalidade de uma língua num dado momento, seu tamanho tende a ser considerável, dezenas de milhares, no mínimo. Já o tamanho do modelo cresce exponencialmente com o tamanho desse vocabulário V: V^2

para um modelo de bigramas, V^3 para um modelo de trigramas, V^4 para um de quadrigramas e assim por diante. Se estimarmos o tamanho de V em 20.000, por exemplo, os modelos resultantes terão as dimensões mostradas na tabela 3.3.

Modelo	Parâmetros
bigramas	400 milhões
trigramas	8 trilhões
quadrigramas	$1,6 \times 10^{17}$

Tabela 3.3: Tamanho de um modelo de n-gramas, considerando-se um vocabulário com 20.000 itens.

Esses números enormes apontam para um problema potencial na construção de um modelo: o treinamento requer muitos dados, caso contrário, a grande maioria das células da tabela que representa o modelo será preenchida com zeros ou com números muito baixos e não confiáveis estatisticamente. Adiemos um pouco a discussão desse problema, entretanto, e vejamos como um modelo assim construído pode ser útil na execução de certas tarefas.

6. USANDO UM MODELO DE N-GRAMAS

6.1. Previsão de palavras

Qual é a próxima palavra na sequência "chutou a ___"? Não é possível afirmar nada com certeza, mas um modelo de n-gramas fornece subsídios para a obtenção de uma estimativa razoável: em um modelo de trigramas, por exemplo, essa seria a palavra w que maximiza a probabilidade condicional atrelada ao trigrama "chutou a w". Existe uma fórmula para expressar o que acabamos de dizer:

$$\hat{w} = \underset{w \in V}{\mathrm{argmax}}\ P_{trigr}(w|\text{chutou a}) \qquad (3.2)$$

Essa notação, muito comum na linguística computacional, é lida da seguinte forma: "a estimativa $\hat{w}$ é a palavra w pertencente ao vocabulário V que maximiza o valor da expressão $P_{trigr}(w|\text{chutou a})$". Se quisermos não apenas a palavra w mais provável nesse contexto, mas uma lista com as três ou mesmo cinco palavras mais prováveis, a fim de sugeri-las a um usuário digitando seu texto em um aplicativo de mensagens, a tarefa permanece basicamente a mesma. Tudo o que precisamos fazer é acoplar um modelo de n-gramas a esse editor de mensagens. Poderíamos, inclusive, ir adicionando o próprio histórico de mensagens do usuário ao corpus-base do modelo, de modo que as probabilidades fossem continuamente modificadas, resultando em um modelo personalizado, que capturasse hábitos de escrita do usuário do aplicativo.

6.2. Detecção de erros contextuais

Voltemos à sentença "o jogador chutou a <u>mola</u>". Será que o item sublinhado tem um erro de digitação? Se a sequência digitada tivesse sido "qola", estaríamos mais próximos de uma resposta categórica, já que a sequência não corresponde a nenhuma palavra do português. Com "mola", é diferente, pois é uma palavra relativamente comum da língua. A suspeita em relação a essa palavra ocorre porque ela é antecedida por outras que, intuitivamente, não casam bem com ela. Além disso, existe uma palavra ortograficamente próxima e cujo sentido parece mais intuitivo nesse contexto. Trata-se, obviamente, da palavra "bola". Novamente, um modelo de n-gramas pode nos auxiliar. Para deixar o caso mais concreto, uma busca rápida no Google (que, diga-se de passagem, utiliza um vasto corpus) traz 199.000 ocorrências da sequência "chutou a" e apenas uma ocorrência do trigrama "chutou a mola". Isso nos permite estimar uma probabilidade condicional para esse trigrama:

$$P_{trigr}(\text{mola}|\text{chutou a}) = \frac{C(\text{chutou a mola})}{C(\text{chutou a})} = \frac{1}{199000} \qquad (3.3)$$
$$= 0,000005$$

PARA CONHECER Linguística Computacional

Trata-se de uma probabilidade baixíssima, sobretudo se comparada àquela que encontramos ao buscar pelo trigrama "chutou a bola", que contava com 93.200 ocorrências na mesma data:

$$P_{trigr}(\text{bola}|\text{chutou a}) = \frac{C(\text{chutou a bola})}{C(\text{chutou a})} = \frac{93200}{199000} = 0,47 \quad (3.4)$$

Esses dados, provenientes do que podemos considerar como um modelo de trigramas, poderiam também ser usados em um editor de textos, sinalizando ao usuário-digitador a ocorrência dessa sequência suspeita, de modo que fique a cargo dele a decisão de substituir o termo em questão por outro mais bem classificado pelo modelo.

6.3. Tradução automática

Voltemos, por fim, ao caso da tradução inglês-português, que vimos no início do capítulo e que apresentava duas possíveis traduções em inglês para a palavra "caro", do português. Fora de seu contexto sintagmático, não pendemos nem para o lado de "expensive" nem para o lado de "dear", ambas boas traduções *a priori*. Sabendo, porém, que a expressão em questão é "meu caro amigo" e que, em relação a "amigo", não há dúvida de que a tradução correta é "friend", nossa intuição é clara: "my dear friend" é um candidato muito melhor que "my expensive friend". Aqui, mesmo um modelo simples de bigramas pode resolver a questão. Novamente, recorremos ao Google, que nos retorna 13.300 ocorrências para "expensive friend", 28.100.000 para "dear friend", 440.000.000 para "expensive" e 597.000.000 para "dear", resultando nas probabilidades abaixo:

$$P_{bigr}(\text{friend}|\text{expensive}) = \frac{C(\text{expensive friend})}{C(\text{expensive})} = \frac{13300}{440000000} \quad (3.5)$$
$$= 0,00003$$

$$P_{bigr}(\text{friend}|\text{dear}) = \frac{C(\text{dear friend})}{C(\text{dear})} = \frac{28100000}{597000000} = 0,047 \quad (3.6)$$

136

Modelos de n-gramas

Como se pode notar, a probabilidade associada ao bigrama "expensive friend" é muitíssimo inferior àquela associada ao bigrama "dear friend". Um modelo de n-gramas acoplado a um tradutor automático poderia detectar essa anomalia e sugerir a escolha mais provável para o caso.

6.4. Probabilidades para sentenças

Modelos de n-gramas podem atribuir probabilidades às sentenças de uma língua, entendidas como sequências de palavras. Esses modelos são, por isso, vistos como **modelos probabilísticos de linguagem**. Escolhido um valor para n, chega-se a probabilidades de sequências mais longas (como sentenças) multiplicando-se as probabilidades relacionadas a seus n-gramas. Veja, por exemplo, como um modelo de bigramas atribuiria uma probabilidade à sentença "o jogador chutou a bola" (note a inclusão dos símbolos de início e final de sentença):

$$P(\text{o jogador chutou a bola.}) \approx$$
$$P(\text{o}|<\text{s}>) \times P(\text{jogador}|\text{o}) \times P(\text{chutou}|\text{jogador}) \times \qquad (3.7)$$
$$P(\text{a}|\text{chutou}) \times P(\text{bola}|\text{a}) \times P(</\text{s}>|\text{bola})$$

Nota Técnica

Usamos o símbolo $\approx$ ao invés da igualdade, já que estamos deliberadamente simplificando o cálculo ao desprezar dependências para além de uma janela contextual de apenas um elemento, algo que não seria tolerado se estivéssemos seguindo rigorosamente as leis da probabilidade – mais especificamente, o que se chama de **regra da cadeia**, que o caráter introdutório deste texto impede-nos de discutir.

O resultado final é o produto da probabilidade de o artigo "o" ocorrer no início de uma sentença pela probabilidade de o substantivo "jogador" ocorrer após esse artigo pela probabilidade de "chutou" vir depois de "jogador" e assim sucessivamente. Uma observação importante: um modelo de n-gramas é capaz de atribuir probabilidade diferente de zero a sentenças que não ocorreram no corpus de treinamento! Basta que os n-gramas tenham ocorrido. Por exemplo, se as sentenças "o jogador chutou a bola" e "o mecânico consertou a mola" tiverem aparecido no corpus de treinamento, então a sentença "o jogador chutou a mola", ainda que não tenha ocorrido durante esse mesmo treinamento, receberá, em um modelo de bigramas, uma probabilidade diferente de zero, já que todos os seus bigramas ("o jogador", "jogador chutou", "chutou a", "a mola") terão ocorrido. O mesmo se pode dizer da sentença "o mecânico consertou a bola".

Neste ponto, podem-se ouvir ecos da famosa sentença do inglês *colorless green ideas sleep furiously*, do célebre linguista contemporâneo Noam Chomsky.

Nota Biográfica

Avram Noam Chomsky (∗1928) é um linguista e ativista político norte-americano, cujos trabalhos têm enorme influência na linguística contemporânea e em áreas afins, como a teoria das linguagens formais e as ciências cognitivas. Na linguística e na teoria da computação, seu nome está associado, respectivamente, à gramática gerativa e à hierarquia de Chomsky, em que se formaliza o conceito de gramática ordenando-se diferentes classes com base em suas capacidades de expressão.

Vale a pena explorar a questão brevemente no contexto dos modelos de n-gramas que estamos discutindo. De um ponto de vista puramente formal, tal sentença é impecável, obedecendo às regras sintáticas do inglês. Difere, portanto, de uma sequência como *furiously sleep ideas green colorless*, que soa como um encadeamento aleatório de palavras. Chomsky ponderou que, no âmbito de uma teoria sintática, a noção de probabilidade não se mostra relevante, pois ambas as sequências anteriores teriam probabilidade nula, uma vez que nem elas nem nenhuma de suas partes jamais teriam ocorrido em um corpus do inglês.

O cientista da computação Peter Norvig mostrou, entretanto, que é perfeitamente possível encontrar os bigramas de ambas as sequências em textos até então publicados – mesmo considerando somente textos anteriores ao ano de 1955, quando Chomsky cunhou as famosas sentenças. Norvig treinou um modelo de n-gramas usando um corpus com textos publicados entre 1800 e 1954 e constatou que o modelo atribuía uma probabilidade dez mil vezes maior a *colorless green ideas sleep furiously* do que a *furiously sleep ideas green colorless* (Norvig, 2011). Isso sugere que mesmo modelos probabilísticos simples como os de n-gramas são capazes de modelar alguns aspectos sintáticos das línguas humanas. Obviamente, não se espera que tal modelo seja um grande sucesso nesse quesito, haja vista a total ausência de informação explícita sobre classes de palavras, constituintes sintáticos, dependências gramaticais etc. Mesmo assim, parece-nos que, ao menos no âmbito da construção de modelos de linguagem com finalidades práticas, há lugar para a noção de probabilidade sentencial.

7. ALGUNS PROBLEMAS

Passemos, agora, a alguns problemas potenciais com modelos de n-gramas construídos a partir de um corpus, nos moldes que vimos mais acima. A primeira questão diz respeito à atribuição de probabilidades via estimativa por máxima verossimilhança (MLE). Se uma palavra não ocorre no corpus de treinamento, MLE atribui probabilidade zero a ela, mesmo que pertença ao léxico da língua em questão. Igualmente, n-gramas que não aparecem no corpus (mesmo quando as palavras que o compõem aparecem) também recebem probabilidade zero. Como consequência, qualquer sentença que os contenha receberá probabilidade nula.

Também potencialmente problemático é o fato de a probabilidade de palavras com frequências muito baixas no treinamento serem pouco confiáveis. Imagine, por exemplo, que uma certa palavra tenha ocorrido apenas duas vezes no corpus e que tenha sido atribuída a ela uma certa probabilidade. Para perceber a fragilidade desse valor, basta notar que, se houver um erro de digitação em uma dessas ocorrências, a probabilidade atribuída seria reduzida à metade! Da mesma forma, se o corpus em questão fosse minimamente diferente (por exemplo, um pouquinho maior) e contivesse uma outra ocorrência da palavra, sua probabilidade aumentaria em 50%!

Soma-se a isso o imenso número de parâmetros que os modelos podem atingir quando têm por base vocabulários extensos, conforme mencionado anteriormente. Trabalhar com corpora grandes é, portanto, crucial. Ainda assim, na prática, tais corpora nunca serão totalmente suficientes para eliminar o que se conhece como o **problema dos dados esparsos**. Isso quer dizer que, se olharmos para a tabela correspondente a um modelo de n-gramas, como a que esquematizamos anteriormente, muitas células ficarão vazias (preenchidas com zeros), impactando o desempenho do modelo. Vejamos, então, algumas soluções práticas para minimizar esses problemas.

7.1. Palavras raras e tamanho do modelo

Uma possibilidade para reduzirmos o tamanho de um modelo de n-gramas é filtrar seu vocabulário selecionando apenas as palavras que ocorrem acima de certa frequência mínima no corpus (por exemplo, $freq > 1$). Converte-se todo *token* que ficou de fora dessa seleção em um novo *token* $<DES>$, representando palavras desconhecidas ou fora do vocabulário. A partir daí, estimam-se normalmente (via MLE) as probabilidades para esse novo item $<DES>$. O resultado é um modelo menor e sem palavras raríssimas. É comum, por exemplo, remover todos os itens que ocorrem uma única vez no corpus, os hápax legômena. Estes chegam a representar mais de 50% dos *types* de um corpus, ainda que sejam apenas uma pequena fração dos *tokens*.

7.2. Suavização

Ataquemos agora o problema da ausência de n-gramas durante o treinamento, mesmo quando as palavras que o constituem aparecem no corpus. A ideia geral é atribuir a todos os n-gramas que não ocorreram no treinamento uma pequena probabilidade e, ao mesmo tempo, diminuir um pouco a probabilidade dos n-gramas que, de fato, ocorreram. O resultado é uma distribuição menos discrepante, ou mais *suave*, das probabilidades associadas aos n-gramas. Daí esse tipo de processo ser chamado de **suavização** (*smoothing*, em inglês).

A maneira mais simples de se fazer isso é conhecida como **suavização de Laplace**. Apesar de reconhecidamente limitada e de haver várias outras técnicas mais complexas e eficientes, entender o funcionamento dessa versão mais simples de suavização permite ter uma boa visão do que está por trás da concepção e implementação dos processos de suavização em geral, possibilitando ao interessado consultar obras mais avançadas, em que outros processos são discutidos (ver referências ao final deste capítulo).

Nota Biográfica

Pierre-Simon Laplace (⋆1749, †1827) é considerado um dos principais nomes da ciência em todos os tempos, com trabalhos notáveis em matemática, física, astronomia e engenharia. Entre suas importantes contribuições em teoria das probabilidades figura a regra da sucessão, que está na base do processo de suavização que estamos apresentando neste capítulo.

Ilustraremos a suavização de Laplace aplicando-a a um modelo de bigramas. Para outros valores de n, o funcionamento é análogo. Para efeitos pedagógicos, consideremos que o vocabulário em questão tivesse apenas três itens – palavra$_1$, palavra$_2$, palavra$_3$ – e que, após o treinamento, tivéssemos as contagens de bigramas mostradas na tabela 3.4.

PARA CONHECER Linguística Computacional

	palavra$_1$	palavra$_2$	palavra$_3$
palavra$_1$	0	8	1
palavra$_2$	5	1	0
palavra$_3$	3	5	2

Tabela 3.4: Contagens em um modelo de bigramas com um vocabulário de três palavras.

Você deve ter percebido, pelos valores da Tabela 3.4, que os bigramas (palavra$_1$, palavra$_1$) e (palavra$_2$, palavra$_3$) não ocorreram nenhuma vez, ainda que as palavras correspondentes tenham ocorrido em outros bigramas. Portanto, a probabilidade associada a esses bigramas será zero. Para os demais, basta dividir a contagem do bigrama representada na célula em questão pela soma dos valores na linha correspondente. Por exemplo, olhando para a célula correspondente ao bigrama (palavra$_1$, palavra$_2$), vemos que ele ocorreu 8 vezes. Já a soma da linha correspondente à palavra$_1$ é 9, indicando que ela apareceu no corpus seguida por outra palavra qualquer 9 vezes. A probabilidade que buscamos (de palavra$_2$ seguir imediatamente palavra$_1$) é $\frac{8}{9}$, aproximadamente 0,89. Efetuando cálculos semelhantes para os demais bigramas, chegamos ao modelo completo, mostrado na Tabela 3.5.

	palavra$_1$	palavra$_2$	palavra$_3$
palavra$_1$	0,00	0,89	0,11
palavra$_2$	0,83	0,17	0,00
palavra$_3$	0,30	0,50	0,20

Tabela 3.5: Probabilidades (sem suavização) em um modelo de bigramas com um vocabulário de três palavras.

Passemos à suavização. A ideia central é muito simples: adicionar um valor positivo k à contagem de todos os n-gramas, obtida a partir do corpus de treinamento. Para nosso exemplo, utilizaremos $k = 1$. Assim, n-gramas que não apareceram terão sua contagem aumentada de 0 para 1, aqueles que ocorreram uma vez terão a contagem aumentada para 2, e assim por diante.

142

Após esse acréscimo, não restarão bigramas com contagem nula, como se pode ver na Tabela 3.6.

	palavra$_1$	palavra$_2$	palavra$_3$
palavra$_1$	1	9	2
palavra$_2$	6	2	1
palavra$_3$	4	6	3

Tabela 3.6: Recontagens (+1) referentes ao modelo da Tabela 3.4.

Para recalcular as probabilidades decorrentes dessas novas contagens, basta proceder como fizemos mais acima, dividindo os novos valores das células pela soma das linhas correspondentes. Observe como essas novas frações relacionam-se com as da tabela anterior de contagem: os numeradores aumentaram em 1 e os denominadores aumentaram em 3 (que corresponde ao tamanho do vocabulário). De maneira geral, temos a seguinte fórmula para as suavizações de Laplace (com $k = 1$) aplicadas a um modelo de bigramas:

$$P_{Laplace}(w_n|w_{n-1}) = \frac{C(w_{n-1}w_n) + 1}{C(w_{n-1}) + V} \tag{3.8}$$

Chegamos, assim, ao novo modelo suavizado, exibido na Tabela 3.7.

	palavra$_1$	palavra$_2$	palavra$_3$
palavra$_1$	0,08	0,75	0,17
palavra$_2$	0,67	0,22	0,11
palavra$_3$	0,31	0,46	0,23

Tabela 3.7: Novas probabilidades (com suavização).

Note que todos os valores foram alterados em relação à tabela anterior e que, comparando os valores dentro de uma mesma linha, houve uma aproximação (suavização) entre eles. Na primeira linha, por exemplo, onde tínhamos 0, 0,89 e 0,11, temos agora 0,08, 0,75 e 0,17. Em casos assim, fala-se de **transferência de massa probabilística** de algumas células para outras, com destaque para aquelas que estavam zeradas e que motivaram a suavização. Algumas vezes, porém, mudanças muito radicais nos valores podem ocorrer em função dessa transferência, deturpando em demasia os resultados originais. Como já salientamos, há processos mais sofisticados que produzem resultados melhores, mas a lógica geral por detrás deles é a mesma vista acima, que, para muitos propósitos, pode ser boa o bastante.

8. AVALIAÇÃO DOS MODELOS DE N-GRAMAS

Tendo construído um modelo de n-gramas a partir de um corpus, como avaliá-lo? Em outras palavras, dados dois ou mais modelos, como decidir qual é o melhor deles? Imagine, por exemplo, que, seguindo os passos que vimos neste capítulo, tenhamos construído um modelo de unigramas e um outro de bigramas usando o mesmo corpus de treinamento. Como compará-los? Que critério usar para decidir qual é o melhor?

A ideia geral por detrás de uma avaliação é que um bom modelo, quando aplicado a um texto qualquer, deve capturar em boa medida as propriedades desse texto. Se, por exemplo, um certo n-grama aparece com alta frequência, mas o modelo atribui a ele uma probabilidade muito baixa, esse modelo falha nesse quesito. O mesmo pode ser dito de um modelo que atribui probabilidades altas para n-gramas que quase nunca ocorrem.

Uma maneira de captar esses pontos é usar o modelo em questão em um **corpus de teste** e verificar a probabilidade que esse modelo atribuiria ao corpus inteiro, entendido como uma longa sequência de palavras. A intuição é que, dados dois ou mais modelos, aquele que atribui a probabilidade mais alta ao corpus de teste deve ser considerado o melhor, já que esse corpus é, a princípio, uma representação reduzida do corpus global. Para que a competição seja justa e a avaliação resultante seja realmente reveladora do poder de previsão de um modelo, é importante que o corpus de teste seja distinto do corpus de treinamento e que não seja usado em momento algum durante a construção do modelo. Afinal, não seria de todo surpreendente que um modelo se saísse bem perante os dados que foram usados em sua própria construção.

Dentro desse espírito, uma das medidas de avaliação mais usadas para modelos de n-gramas é chamada de **perplexidade**. Essa medida é inversamente proporcional à probabilidade que o modelo atribui ao corpus de teste, ou seja, quanto maior a probabilidade, menor a perplexidade. Para um corpus constituído por uma sequência $p_1 p_2 \ldots p_n$ de n palavras, a probabilidade em questão seria $P(p_1 p_2 \ldots p_n)$. Diferentes modelos estimam essa probabilidade de diferentes maneiras, advindo daí a possibilidade de comparação.

No caso de um modelo de unigramas, essa probabilidade seria equivalente ao produto das probabilidades $P(p_i)$, com $1 \leq i \leq n$, atribuídas pelo modelo a cada palavra p_i na sequência. Já num modelo de bigramas, teríamos o produto das probabilidades condicionais $P(p_i|p_{i-1})$. É comum normalizar esse produto em relação ao tamanho do corpus. A razão disso é que, sendo as probabilidades expressas por números entre 0 e 1, multiplicá-las resulta em valores cada vez menores, o que faz com que corpora maiores tenham probabilidades mais baixas e perplexidades mais altas, impedindo assim que modelos testados com corpora de diferentes tamanhos possam ter suas perplexidades comparadas.

O que se busca, então, é uma média das probabilidades que entram no cômputo da probabilidade total atribuída ao corpus. Como essa probabilidade total é um produto, a média que buscamos pode ser obtida via raiz. Representando perplexidade por PP, para um corpus de teste T de tamanho n, temos:

$$PP(T) = \sqrt[n]{\frac{1}{P(p_1 p_2 \ldots p_n)}} \tag{3.9}$$

Substituindo a probabilidade total da sequência – $P(p_1 p_2 \ldots p_n)$ – pelo produto $\prod_{i=1}^{n}$ das probabilidades básicas – $P(p_i)$, no caso de unigramas, $P(p_i|p_{i-1})$, no caso de bigramas – chegamos às seguintes fórmulas:

$$PP_{unigrama}(T) = \sqrt[n]{\prod_{i=1}^{n} \frac{1}{P(p_i)}} \qquad (3.10)$$

$$PP_{bigrama}(T) = \sqrt[n]{\prod_{i=1}^{n} \frac{1}{P(p_i|p_{i-1})}} \qquad (3.11)$$

Vamos criar uma ilustração bastante simples. Seja o seguinte minicorpus, constituído de 5 sentenças e um vocabulário de 10 itens (8 palavras mais os símbolos de início e final de sentença), totalizando 40 ocorrências:

```
<s> O boi brigou com a vaca </s>
<s> A vaca brigou com o gato </s>
<s> O gato brigou com a gata </s>
<s> O boi brigou com a gata </s>
<s> O gato brigou com a vaca </s>
```

Suponha que treinemos modelos de unigramas e de bigramas usando esse corpus. Começamos pelas contagens (sem suavização, para simplificar). Para os unigramas, temos:

o	a	brigou	com	boi	vaca	gato	gata	\<s\>	\</s\>
5	5	5	5	2	3	3	2	5	5

A seguir, convertemos as contagens em probabilidades, via MLE, ou seja, transformamos os valores absolutos em frequências relativas:

o	a	brigou	com	boi	vaca	gato	gata	\<s\>	\</s\>
0,13	0,13	0,13	0,13	0,05	0,08	0,08	0,05	0,13	0,13

Já no caso do modelo de bigramas, teremos uma tabela em que linhas e colunas correspondem aos itens do vocabulário, exatamente como discutimos na seção anterior:

	o	a	brigou	com	boi	vaca	gato	gata	\<s\>	\</s\>
o	–	–	–	–	2	–	3	–	–	–
a	–	–	–	–	–	3	–	2	–	–
brigou	–	–	–	5	–	–	–	–	–	–
com	1	4	–	–	–	–	–	–	–	–
boi	–	–	2	–	–	–	–	–	–	–
vaca	–	–	1	–	–	–	–	–	–	2
gato	–	–	2	–	–	–	–	–	–	1
gata	–	–	–	–	–	–	–	–	–	2
\<s\>	4	1	–	–	–	–	–	–	–	–
\</s\>	–	–	–	–	–	–	–	–	4	–

Para o cálculo das probabilidades, o procedimento é análogo. O modelo obtido é o seguinte:

	o	a	brigou	com	boi	vaca	gato	gata	\<s\>	\</s\>
o	–	–	–	–	0,4	–	0,6	–	–	–
a	–	–	–	–	–	0,6	–	0,4	–	–
brigou	–	–	–	1	–	–	–	–	–	–
com	0,2	0,8	–	–	–	–	–	–	–	–
boi	–	–	1	–	–	–	–	–	–	–
vaca	–	–	0,33	–	–	–	–	–	–	0,67
gato	–	–	0,67	–	–	–	–	–	–	0,33
gata	–	–	–	–	–	–	–	–	–	1
\<s\>	0,8	0,2	–	–	–	–	–	–	–	–
\</s\>	–	–	–	–	–	–	–	–	1	–

Suponha, por fim, que tenhamos separado um corpus de teste, constituído de duas sentenças distintas das do treinamento, mas baseadas no mesmo vocabulário:

```
<s> O boi brigou com o gato </s>
<s> A vaca brigou com a gata </s>
```

PARA CONHECER Linguística Computacional

De posse desses dados, podemos calcular a perplexidade que cada modelo atribui a esse corpus de teste. Para tanto, já sabemos que devemos tratar o corpus como uma única sequência, formada pelo encadeamento das sentenças em questão:

```
<s> O boi brigou com o gato </s><s> A vaca brigou com
a gata </s>
```

O próximo passo é calcular a probabilidade (P) que cada modelo atribui a essa sequência. No caso do modelo de unigramas, teremos o produto das probabilidades de cada ocorrência, tomadas isoladamente: $p(<s>) \times p(o) \times p(boi) \times \ldots \times p(gata) \times p(</s>)$.

$$P_{unigramas} \approx 2{,}2 \times 10^{-14}$$

Já no caso do modelo de bigramas, teremos probabilidades condicionais: $p(o|<s>) \times p(boi|o) \times \ldots \times p(</s>|boi)$.

$$P_{bigramas} \approx 1{,}6 \times 10^{-4}$$

Aqui já se pode ver a vantagem do modelo de bigramas sobre o de unigramas. Por exemplo, somente os artigos definidos ("o" e "a") iniciam sentenças e somente a preposição "com" aparece após o verbo "brigou", seja no treinamento, seja no teste. Isso tende a elevar a probabilidade total no caso do modelo de bigramas, já que fatores como $p(o|<s>)$ e $p(com|brigou)$ entrarão no cálculo com valores elevados, superiores aos valores das probabilidades não-condicionais que operam no cálculo pelo modelo de unigramas ($p(o)$ e $p(com)$, por exemplo).

Tendo encontrado a probabilidade total P para cada modelo, basta invertê-la e extrair a raiz n-ésima, conforme as fórmulas que vimos mais acima. Veja que n, nesse caso, é igual a 14, que é o tamanho do corpus de teste:

$$PP_{unigramas} = \sqrt[14]{\frac{1}{2{,}2 \times 10^{-14}}} \approx 9,5$$

$$PP_{bigramas} = \sqrt[14]{\frac{1}{1{,}6 \times 10^{-4}}} \approx 1,9$$

Esses resultados são as perplexidades associadas a cada modelo. Como se vê, o modelo de bigramas obteve um valor cinco vezes menor, podendo, portanto, ser considerado bastante superior ao de unigramas.

9. IMPLEMENTAÇÃO EM PYTHON

Nesta seção, vamos implementar um modelo de bigramas construído a partir de um corpus e aplicá-lo a uma tarefa de previsão de palavras. Colocaremos em prática os conhecimentos de programação em Python e de tratamento de corpus vistos nos capítulos anteriores, bem como tudo o que acabamos de aprender sobre modelos de n-gramas neste capítulo.

Os primeiros passos consistem na seleção e preparação do corpus. A partir daí, criaremos um corpus de treinamento e um corpus de teste, que utilizaremos na construção e na avaliação do modelo. Vamos chamar de *corpus_bruto.txt* um arquivo contendo o texto que nos servirá de base. Como exemplo meramente ilustrativo, vamos utilizar o mesmo mini-corpus da seção anterior. Abra seu editor de textos Atom (ou equivalente; ver p. 75) e digite o seguinte texto numa única linha, contínua, sem apertar Enter :

```
o boi brigou com a vaca. a vaca brigou com o gato? o
gato brigou com a gata! o boi brigou com a gata. o
gato brigou com a vaca. o boi brigou com o gato. a
vaca brigou com a gata.
```

Grave o arquivo com o nome `corpus_bruto.txt`, usando a mesma pasta em seu disco rígido onde são gravados seus scripts.

Feito isso, crie um novo script no IDLE (teclas Ctrl N). Vamos passar as instruções passo a passo para escrevê-lo, buscando explicar o código e algumas novas expressões em Python.

Como usaremos expressões regulares e dicionários *default* em nossa implementação, comecemos fazendo as devidas importações:

```
import re
from collections import defaultdict
```

A próxima coisa a fazer é abrir o arquivo que servirá de corpus para leitura. Isso pode ser feito usando a função `ler()`, que vimos no Capítulo 2. Se você seguiu a sugestão de criar um módulo chamado `corpus`, contendo as funções mais importantes apresentadas naquele capítulo, bastará importá-lo com:

```
1  import corpus
```

Na continuidade das instruções, vamos imaginar que você tenha importado o módulo `corpus` e, portanto, que tenha acesso às funções dele, como esta:

```
1  corpus_base = corpus.ler('corpus_bruto.txt')
```

O passo seguinte consiste em transformar o corpus em uma lista de sentenças. Por simplicidade, essa divisão levará em conta apenas três caracteres de pontuação, que são os mais frequentes: "!", "?" e ".". Primeiramente, usaremos uma expressão regular para substituir todas as ocorrências desses caracteres por um caractere único (#). A partir disso, usaremos o método `split('#')` para dividir as sentenças:

```
1  corpus_pontuacao = re.sub(r'\.|\!|\?', '#',
   ↪  corpus_base)
2  sents = corpus_pontuacao.split('#')
```

Nota Técnica

Repare que, para a separação das sentenças, o caractere "#" foi passado como argumento para servir de delimitador na divisão. Quando não são passados argumentos, o método `split()` divide a string usando os espaços em branco.

Essas sentenças (strings) serão convertidas em listas de palavras, que serão "limpas" da maneira como fizemos no Capítulo 2. Se você seguiu a recomendação de criar um módulo externo, ao final daquele capítulo, a função `limpar()` deve ter sido incluída nesse módulo (a que chamamos `corpus`), mas, assim como no caso da função `ler()`, você pode simplesmente copiá-la nesse novo script se preferir não usar o módulo.

Depois da limpeza, as strings receberão os marcadores de início (`<s>`) e final (`</s>`) de cada sentença. Vamos usar o mesmo nome de variável `sents`, que acabamos de criar, a fim de descartar o objeto anterior (sentenças delimitadas por "#"), que não será mais necessário, e poupar um pouco de memória.

```
1   sents = [['<s>'] + corpus.limpar(x.split()) + ['</s>']
    ↪   for x in sents]
```

Com isso, é gerada uma lista de sublistas, em que cada uma delas corresponde a uma sentença completa. Agora, temos um novo formato para o corpus: sentenças limpas e com marcadores de início e fim. Vamos gravá-lo num outro arquivo `.txt` chamado de `corpus_preparado`. Nesse arquivo, inicialmente vazio, cada linha corresponderá a uma sentença. Note que vamos usar a função `open`, que já vimos no capítulo anterior, porém, dessa vez, com o argumento `w`, indicando que vamos escrever (*write*) no arquivo. Além disso, na linha 4 do script a seguir, usamos o método `join()`. Ele serve para transformar objetos iteráveis (como as listas, nesse caso) em strings, separando os itens com um delimitador à escolha do programador. Aqui, as sentenças nas sublistas transformam-se em strings separadas pelo espaço em branco.

```
1   c_p = open('corpus_preparado.txt', 'w',
    ↪   encoding='utf-8')
2
3   for sentenca in sents:
4       str = ' '.join(sentenca)
5       c_p.write(str + '\n')
6   c_p.close()
```

Em seguida, vamos dividir esse corpus preparado em dois corpora menores, um, para treinamento e o outro, para testes. Vamos reservar 80% dos dados para treinamento e 20% para teste, que é a proporção mais comumente utilizada pelos pesquisadores em linguística computacional. Como resultado, teremos dois novos arquivos de extensão .txt, aos quais chamaremos de `corpus_treino` e de `corpus_teste`. Você verá que, para a leitura do arquivo `corpus_preparado`, usaremos um novo método, `readlines()`, muito semelhante ao método `read()` que vínhamos usando, com a diferença de que `readlines()` lê uma linha de texto inteira a cada vez e gera uma *lista de linhas*, o que é muito conveniente quando se trabalha com sentenças.

```python
corpus_tt = open('corpus_preparado.txt', 'r',
 ↪ encoding='utf-8')
c_tt = corpus_tt.readlines()
corpus_tt.close()

corte = int(len(c_tt) * 0.8) # 80% do tamanho
treino = c_tt[:corte]
teste = c_tt[corte:]

tr = open('corpus_treino.txt', 'w', encoding='utf-8')
for sent in treino:
    tr.write(sent)
tr.close()

ts = open('corpus_teste.txt', 'w', encoding='utf-8')
for sent in teste:
    ts.write(sent)
ts.close()
```

Passemos, em seguida, à construção do modelo, extraindo do corpus de treinamento o vocabulário e as contagens de ocorrências de seus itens.

```python
corpus_treino = open('corpus_treino.txt', 'r',
 ↪ encoding='utf-8')
c_t = corpus_treino.readlines()
corpus_treino.close()

vocab = set()
contagem = defaultdict(int)
for linha in c_t:
    sent = linha.split()
    for palavra in sent:
        vocab |= {palavra}
        contagem[palavra] += 1
```

Observe, na linha 10, um operador que estamos usando pela primeira vez. Se você se lembra de que | é o operador da união de conjuntos, não será difícil inferir que |= é o **operador de união e atribuição**, análogo ao operador de soma e atribuição (+=), que já foi usado diversas vezes.

Faremos, agora, a filtragem dos hápax legômena e sua substituição pela string '<DES>', representando palavras desconhecidas.

```
1  hapax = [palavra for palavra in contagem.keys() if
   ↪   contagem[palavra] == 1]
2  hapax = set(hapax)
3  novo_vocab = vocab - hapax
4  novo_vocab |= {'<DES>'}
```

Estamos prontos para contar os unigramas e bigramas a partir do novo vocabulário e do novo corpus. Vamos, primeiro, criar um extrator dos n-gramas de uma sentença. A função a seguir recebe um número inteiro correspondente ao tamanho da sequência de n-gramas que se quer criar (1 = unigramas; 2 = bigramas...) e uma lista de strings (sent), retornando uma lista de tuplas com o arranjo da sequência.

```
1  def ngramas(n, sent):
2      return [tuple(sent[i:i + n]) for i in
   ↪   range(len(sent) - n + 1)]
```

Note o uso da função tuple(), que transforma uma lista, um objeto mutável, em uma tupla, um objeto imutável. A razão dessa mudança é que usaremos essas sequências de palavras como chaves em dicionários de n-gramas. Como visto no Capítulo 1, apenas objetos imutáveis podem servir como chaves de um dicionário. Antes de prosseguir, vamos ilustrar o funcionamento da função ngramas() com um exemplo.

```
1  >>> lista_str = 'parabéns pra você nesta data
   ↪   querida'.split()
2  >>> ngramas(2, lista_str)
3  [('parabéns', 'pra'), ('pra', 'você'), ('você',
   ↪   'nesta'), ('nesta', 'data'), ('data', 'querida')]
```

PARA CONHECER Linguística Computacional

Em seguida, criamos dois dicionários, um para os unigramas e outro para os bigramas.

```
1  unigramas = defaultdict(int)
2  bigramas  = defaultdict(int)
```

Agora, percorremos o corpus de treinamento, substituindo os hápax legômena por <DES> e acrescentando os unigramas e bigramas, com suas respectivas contagens, aos dicionários correspondentes que acabamos de criar:

```
1  for linha in c_t:
2      sent = linha.split()
3
4      for i in range(len(sent)):
5          if sent[i] in hapax:
6              sent[i] = '<DES>'
7
8      for x in ngramas(1, sent):
9          unigramas[x] += 1
10
11     for x in ngramas(2, sent):
12         bigramas[x] += 1
```

Por fim, precisamos converter essas contagens em probabilidades. Implementaremos a técnica de suavização de Laplace, adicionando 1 à contagem real de todos os n-gramas e V (o tamanho do vocabulário) aos denominadores das respectivas frações, como já discutimos na subseção sobre suavização. Faremos uso da função sum(), que toma uma lista numérica como argumento e retorna a soma total de todos os itens.

```
1  def prob_uni(x):
2      C = sum(unigramas.values())
3      V = len(novo_vocab)
4      return (unigramas[x] +1) / (C + V)
5
6  def prob_bi(x):
7      V = len(novo_vocab)
8      return (bigramas[x] +1) / (unigramas[(x[0],)] + V)
```

Como se vê, as funções retornam valores numéricos correspondentes a frações. Em ambos os casos, o numerador da fração é a contagem armazenada no dicionário de n-gramas acrescida de uma unidade. Quanto aos denominadores, no caso de `prob_uni()`, temos a contagem C de todos os unigramas do corpus, acrescida de V. Já no caso de `prob_bi()`, temos a contagem do primeiro membro do bigrama (`x[0]`), acrescida de V. Note o uso da vírgula e de parênteses ao redor de `x[0]` na última linha do código. Lembre-se de que `x[0]` é uma string. Como estamos buscando a contagem dessa string no dicionário de unigramas, e as chaves desse dicionário são tuplas, precisamos transformar a string em uma tupla. Essa é a razão do uso dos parênteses e da vírgula depois de `x[0]`. A novidade, aqui, é que essa será uma tupla unária, isto é, com apenas um item. É o que a notação `(x[0],)` indica.

Estamos prontos. Como exemplo de aplicação, vamos criar um previsor de palavras que se vale do modelo de bigramas para prever a próxima palavra a ser digitada em um texto em função da palavra imediatamente anterior. Dada uma palavra qualquer já digitada, a ideia é selecionar em uma lista as chaves `ch` do dicionário de bigramas, que têm a palavra como primeiro membro (`ch[0] == palavra`), e colocá-las em ordem decrescente – ou seja, o maior valor primeiro – de acordo com a probabilidade que o modelo atribui ao bigrama correspondente. O resultado desejado é o segundo item da tupla no topo dessa ordenação (`ordem[0][1]`):

```
1  def prever(palavra):
2      lista = [ch for ch in bigramas.keys() if ch[0] ==
    ↪  palavra]
3      ordem = sorted(lista, key=lambda x:prob_bi(x),
    ↪  reverse=True)
4      topo = ordem[0][1]
5      return topo
```

Por exemplo, se o bigrama iniciado pela palavra "o" mais frequente no corpus de treinamento tiver sido "o gato", essa função, ao receber "o" como *input*, retornará "gato" como resultado.

Por conveniência, apresentamos, a seguir, o código completo do programa que acabamos de criar passo a passo. Você notará certas linhas iniciadas pelo símbolo #. Essas linhas são anotações ou **comentários** feitos pelo programador para facilitar a compreensão de certas passagens ou blocos, sendo bastante úteis em programas mais longos. O símbolo # é apenas uma instrução para que a linha em questão seja ignorada na execução do programa.

Modelos de n-gramas

```python
import re
from collections import defaultdict
import corpus

def ngramas(n, sent):
    return [tuple(sent[i:i + n]) for i in
     range(len(sent) - n + 1)]

def prob_uni(x):
    C = sum(unigramas.values())
    V = len(novo_vocab)
    return (unigramas[x] +1) / (C + V)

def prob_bi(x):
    V = len(novo_vocab)
    return (bigramas[x] +1) / (unigramas[(x[0],)] + V)

def prever(palavra):
    lista = [ch for ch in bigramas.keys() if ch[0] ==
     palavra]
    ordem = sorted(lista, key=lambda x:prob_bi(x),
     reverse=True)
    topo = ordem[0][1]
    return topo

# Leitura e preparação do corpus
corpus_base = corpus.ler('corpus_bruto.txt')
corpus_pontuacao = re.sub(r'\.|\!|\?', '#',
     corpus_base)
sents = corpus_pontuacao.split('#')
sents = [['<s>'] + corpus.limpar(x.split()) + ['</s>']
     for x in sents]

# Gravação do corpus preparado
c_p = open('corpus_preparado.txt', 'w'
     ,encoding='utf-8')
```

Modelos de n-gramas

```
31
32  for sentenca in sents:
33      str = ' '.join(sentenca)
34      c_p.write(str + '\n')
35  c_p.close()
36
37  # Leitura do corpus preparado
38  corpus_tt = open('corpus_preparado.txt', 'r',
        ↪ encoding='utf-8')
39  c_tt = corpus_tt.readlines()
40  corpus_tt.close()
41
42  # Divisão do corpus em treinamento e teste
43  corte = int(len(c_tt) * 0.8) # 80% do tamanho
44  treino = c_tt[:corte]
45  teste = c_tt[corte:]
46
47  # Gravação do corpus de treinamento
48  tr = open('corpus_treino.txt', 'w', encoding='utf-8')
49  for sent in treino:
50      tr.write(sent)
51  tr.close()
52
53  # Gravação do corpus de teste
54  ts = open('corpus_teste.txt', 'w', encoding='utf-8')
55  for sent in teste:
56      ts.write(sent)
57  ts.close()
58
59  # Leitura do corpus de treinamento
60  corpus_treino = open('corpus_treino.txt', 'r',
        ↪ encoding='utf-8')
61  c_t = corpus_treino.readlines()
62  corpus_treino.close()
63
64  # Leitura do corpus de teste
65  vocab = set()
66  contagem = defaultdict(int)
67  for linha in c_t:
68      sent = linha.split()
69      for palavra in sent:
70          vocab |= {palavra}
71          contagem[palavra] += 1
72
73  # Separação dos hápax legômena
```

PARA CONHECER Linguística Computacional

```python
74  hapax = [palavra for palavra in contagem.keys() if
    ↪   contagem[palavra] == 1]
75  hapax = set(hapax)
76  novo_vocab = vocab - hapax
77  novo_vocab |= {'<DES>'}
78
79  # Criação de dicionários de unigramas e de bigramas
80  unigramas = defaultdict(int)
81  bigramas =  defaultdict(int)
82
83  for linha in c_t:
84      sent = linha.split()
85
86      for i in range(len(sent)):
87          if sent[i] in hapax:
88              sent[i] = '<DES>'
89
90      for x in ngramas(1, sent):
91          unigramas[x] += 1
92
93      for x in ngramas(2, sent):
94          bigramas[x] += 1
```

Terminamos aqui nossa apresentação e implementação de modelos de n-gramas. Como você terá notado, trata-se de modelos relativamente simples, mas capazes de capturar certas regularidades sintagmáticas presentes na frequência de uso de unidades linguísticas. A partir delas, podemos vislumbrar aplicações práticas em diversos níveis, como apontamos no início do capítulo e ilustramos na função de previsão de palavras que acabamos de construir nesta seção.

• LEITURAS SUGERIDAS

Como próximo passo no estudo de modelos de n-gramas, recomendamos os capítulos correspondentes ao tema nos manuais de Jurafsky e Martin (2009) e de Manning e Schütze (1999). Particularmente importantes são as discussões de técnicas de suavização mais sofisticadas do que a que vimos neste capítulo.

158

Modelos de n-gramas

É importante também conhecer um outro tipo de modelo de linguagem que vem sendo bastante difundido e usado recentemente. Trata-se de modelos baseados em redes neurais. Esse tópico não está contemplado nos manuais indicados acima, mas, felizmente, há uma nova edição do manual de Jurafsky e Martin em preparação, com um capítulo dedicado ao tema ("Neural Nets and Neural Language Models"). Esse material está disponível em `http://web.stanford.edu/~jurafsky/slp3/`.

• EXERCÍCIOS

1. A partir do arquivo "Ubirajara.txt", já utilizado no capítulo anterior, implemente em Python um modelo de unigramas e um outro de bigramas, seguindo os passos dados na última seção deste capítulo.

2. Crie uma função que tome uma sentença como *input* e retorne como valor a probabilidade atribuída à sentença pelo modelo de unigramas construído no exercício anterior. Em seguida, crie outra função, semelhante à primeira, mas que calcule a probabilidade através do modelo de bigramas.

3. Extraia aleatoriamente do texto uma sentença e compute a probabilidade que cada um dos modelos construídos nos exercícios anteriores atribuem a ela. Em seguida, modifique a ordem de palavras na sentença, deixando-a parecer uma sequência arbitrária. Por exemplo, uma sentença como "o menino conversou com a menina" viraria algo como "menino a com conversou o menina". Calcule, para cada modelo, as probabilidades atribuídas a essa nova sequência. Compare com os resultados anteriores e justifique as eventuais discrepâncias.

4. Refaça os exercícios 1, 2 e 3, mas tendo por base um dos romances de Machado de Assis utilizados no capítulo 2.

5. Extraia duas sentenças de cada um dos textos acima (Machado e Alencar). Para cada uma delas, calcule as probabilidades atribuídas pelos modelos de bigramas dos exercícios 1 e 4. Compare os resultados e diga se o modelo treinado com o texto de Alencar atribui probabilidades mais altas às sentenças extraídas desse mesmo texto do que

aquelas extraídas do texto de Machado. Faça o mesmo com o modelo treinado com o texto de Machado.

6. Retorne à seção em que discutimos a avaliação de modelos e o conceito de perplexidade. Tomando por base o corpus de treinamento apresentado, implemente modelos de unigramas e bigramas baseados nele. Em seguida, implemente uma função que calcule as perplexidades que cada um dos modelos atribui a esse corpus.

CLASSIFICADORES BAYESIANOS INGÊNUOS

Objetivos gerais do capítulo

- Discutir a noção de classificação e sua aplicação em tarefas de processamento de linguagem natural
- Apresentar os classificadores bayesianos ingênuos no contexto dos classificadores probabilísticos
- Mostrar como construir, treinar e avaliar um classificador bayesiano ingênuo
- Implementar um classificador bayesiano ingênuo em Python

1. CLASSIFICAÇÃO DE DADOS

De forma geral, classificar é agrupar dados, objetos ou observações em categorias predeterminadas. Um classificador pode ser visto como um dispositivo que mapeia esses dados (*inputs*) em determinada classe, ela mesma, parte de conjunto de classes (*outputs*). Várias tarefas de processamento de linguagem natural encaixam-se nessa definição. Eis alguns exemplos, envolvendo diferentes níveis de análise linguística: (i) detecção de spams, em que mensagens de e-mail são classificadas como spam ou não-spam, podendo, a partir dessa classificação, ser filtradas e talvez eliminadas da caixa de entrada de um usuário; (ii) etiquetação gramatical (*POS tagging*), em que se atribui uma classe morfossintática (substantivo, verbo, preposição…) a ocorrências de palavras, geralmente como parte de um processo de análise sintática de sentenças; (iii) desambiguação de sentido de palavras (WSD, *Word Sense Desambiguation*), em que ocorrências de palavras ambíguas em um texto são relacionadas a um dos sentidos dicionarizados da palavra ("manga", por exemplo, como fruta ou como parte de roupa).

O mapeamento de um dado em uma classe baseia-se sempre numa **lista de atributos,** ou características (*features*), desse dado. A natureza dos atributos a serem levados em conta varia de tarefa para tarefa. De maneira geral, os atributos podem corresponder tanto a algo inerente,"interno" ao dado em questão, quanto a algo "externo", parte do contexto em que ocorre. Por exemplo, no caso da detecção de spams, pode-se basear a classificação na (co)ocorrência de certas palavras no corpo da mensagem. Expressões como "sexo" ou "viagra", por exemplo, parecem bons indícios de que se trata de um spam. Já no caso da etiquetagem gramatical ou da desambiguação, parece importante levar em conta as palavras vizinhas àquela que se quer classificar. Por exemplo, diante de uma ocorrência da palavra "a" em um texto escrito (ou seja, da letra "a" precedida e seguida de um espaço em branco), como saber se estamos diante de um artigo definido ("beijou a menina"), de um pronome átono ("ele a beijou"), de uma preposição ("ir a um bar") ou mesmo do nome da primeira letra de nosso alfabeto? Como sabemos que, na sequência "manga madura", estamos falando de uma fruta, mas que, em "manga curta", estamos falando de parte de uma peça de vestuário? Aqui não é a forma isolada do dado que guarda a resposta, mas sim os itens adjacentes ou próximos a ele no texto em questão.

Uma seleção adequada de atributos é sempre parte fundamental em uma tarefa de classificação. Nunca é demais lembrar que mesmo o que parece óbvio e trivial a um ser humano precisa ser "dito" ou "ensinado" a uma máquina se quisermos que ela execute automaticamente uma tarefa.

2. CLASSIFICADORES PROBABILÍSTICOS

Como já salientado no capítulo anterior, no processamento automático de linguagem natural, é comum ter de tomar decisões considerando um certo grau de incerteza. Para tanto, naquele capítulo, introduzimos a noção de probabilidade no contexto de um modelo de linguagem (n-gramas). Neste capítulo, voltamos a nos valer dessa noção, mas, dessa vez, aplicado-a a tarefas de classificação.

Em linhas gerais, um classificador probabilístico procede da seguinte forma: para cada uma das possíveis classes c pertencentes a um conjunto pré-determinado $\mathcal{C}$, calcula-se a probabilidade de um dado d pertencer a c, $P(c|d)$. A partir desse cálculo, mapeia-se d na classe associada à maior probabilidade. Esse procedimento pode ser representado compactamente na fórmula abaixo:

$$\hat{c} = \underset{c \in \mathcal{C}}{\operatorname{argmax}} \ P(c|d) \qquad (4.1)$$

Nessa fórmula, voltamos a utilizar a função *argmax*, que já havíamos utilizado no capítulo anterior. Em palavras, a estimativa de classe ($\hat{c}$) para um certo dado d corresponderá à classe c para a qual o valor da expressão $P(c|d)$ é máximo.

Há vários tipos de classificadores probabilísticos, diferindo entre si na maneira como a probabilidade acima é calculada. Neste capítulo, veremos um tipo particular de classificador probabilístico, conhecido como **classificador bayesiano ingênuo** (*Naïve Bayes classifier*).

Nota Biográfica

Thomas Bayes ($\star$1702?, $\dagger$1761) foi um matemático e pastor presbiteriano inglês, conhecido sobretudo pela regra (ou teorema) que leva seu nome e que veremos mais adiante. As ideias de Bayes exerceram bastante influência nos campos da estatística e da teoria da probabilidade, mas também tiveram impacto em diversas áreas da filosofia, em particular, na fundamentação da própria noção de probabilidade e sua relação com estados de conhecimento e crença de um indivíduo.

Antes de passarmos a esse tema, porém, cabe um breve comentário sobre um benefício de se trabalhar com classificadores probabilísticos em geral. Ao invés de simplesmente decidir se um certo dado pertence a essa ou aquela classe, a classificação probabilística pauta-se pelo cálculo da probabilidade de esse dado pertencer a cada uma das classes em questão. Isso, por sua vez, permite relativizar certas decisões ao grau de confiança que temos na classificação. Pense, novamente, em um detector de spams. Classificar uma mensagem legítima como spam, com sua consequente exclusão da caixa de entrada, pode ter consequências bastante indesejadas. Diante desse risco, pode-se optar por uma postura conservadora de apenas efetuar essa exclusão quando a probabilidade da mensagem em questão ser spam for bastante elevada e, portanto, bem superior à probabilidade de a mesma não ser um spam.

A classificação probabilística traz sempre consigo um critério comparativo. Esse critério, por sua vez, baseia-se no ranqueamento de valores numéricos (probabilidades condicionais) atribuídos a cada classe perante um dado em questão. Se não estivermos interessados nos valores absolutos, uma alternativa simples é usar a função *argmax*. Caso contrário, podemos refinar nossa escolha, impondo critérios adicionais às probabilidades obtidas.

3. CLASSIFICADORES BAYESIANOS INGÊNUOS

Classificadores bayesianos recebem esse nome por estimar a probabilidade de um dado pertencer a uma classe através de uma fórmula conhecida como **Regra de Bayes**. Já a qualificação **"ingênuos"** é devida a uma simplificação na aplicação dessa regra, o que, como veremos abaixo, facilita bastante o cálculo das probabilidades em questão.

3.1. A regra de Bayes

Para explicar o modelo matemático no qual o funcionamento desses classificadores se baseia, vamos fazer uma breve introdução à regra de Bayes, que nada mais é do que uma maneira de se decompor uma probabilidade condicional. Vamos ilustrá-la com um exemplo bastante simples para, depois, retornar a uma aplicação envolvendo linguagem natural.

Imagine uma caixa contendo 100 bolas coloridas, sendo 60 azuis e 40 vermelhas. Imagine, ainda, que 30 dessas bolas sejam de borracha e 70, de plástico, distribuídas da seguinte forma:

	Azul	Vermelha
Borracha	20	10
Plástico	40	30

Imagine, agora, que uma bola seja retirada aleatoriamente da caixa. Qual é a probabilidade de essa bola ser azul e de borracha $(P(A\&B))$? Pensando em termos de frequências relativas e inspecionando diretamente a tabela acima, obtemos o valor 0,2 $(\frac{20}{100})$, ou 20%, indicando que, do total de 100 bolas, 20 são bolas azuis de borracha. Note agora que poderíamos chegar a esse valor em dois passos: imaginemos, inicialmente, que uma bola azul tenha sido retirada da caixa. A probabilidade de isso acontecer $(P(A))$ é de 0,6 $(\frac{60}{100})$. Em seguida, perguntemo-nos a probabilidade de essa bola que acabou de ser retirada ser de borracha, sabendo, de antemão, que se trata de uma bola azul. Nesse caso, buscamos uma probabilidade condicional $(P(B|A))$ e a resposta é, aproximadamente, 0,33 $(\frac{20}{60})$. Queremos ressaltar que a multiplicação de $P(A)$ por $P(B|A)$ leva ao resultado 0,2 $(\frac{60}{100} \times \frac{20}{60} = \frac{20}{100})$, que é justamente o valor que obtivemos inicialmente para $P(A\&B)$.

$$P(A\&B) = P(A) \times P(B|A) \tag{4.2}$$

Igualmente, poderíamos obter $P(A\&B)$ calculando, primeiramente, a probabilidade de uma bola de borracha ser retirada da caixa $(P(B))$ e, depois, calculado a probabilidade de essa bola ser azul, já sabendo que a mesma é de borracha $(P(A|B))$. Os valores obtidos teriam sido 0,3 $\left(\frac{30}{100}\right)$ e 0,66 $\left(\frac{20}{30}\right)$, respectivamente. Multiplicando esses valores, chegamos novamente a 0,2 $\left(\frac{30}{100} \times \frac{20}{30} = \frac{20}{100}\right)$.

$$P(A\&B) = P(B) \times P(A|B) \qquad (4.3)$$

Das duas igualdades acima, resulta que:

$$P(B) \times P(A|B) = P(A) \times P(B|A) \qquad (4.4)$$

Isolando $P(A|B)$, obtemos:

$$P(A|B) = \frac{P(A) \times P(B|A)}{P(B)} \qquad (4.5)$$

Generalizando esse resultado para dois eventos X e Y quaisquer, chegamos à **Regra de Bayes**:

$$P(X|Y) = \frac{P(X)\,P(Y|X)}{P(Y)} \qquad (4.6)$$

A regra de Bayes permite calcular a probabilidade condicional de X, dado Y, a partir da probabilidade condicional de Y, dado X, além das probabilidades não-condicionais de X e Y.

Essa regra é extremamente útil e importante para o cálculo das probabilidades condicionais e para a criação de classificadores automáticos, como veremos a seguir.

Antes disso, convém apresentar um último aspecto preliminar sobre a relação entre probabilidades condicionais e não-condicionais. A tabela correspondente à distribuição das bolas coloridas, em nosso exemplo anterior, mostra certa dependência entre os atributos de cor (azul ou vermelho) e material (borracha ou plástico). Por exemplo, no geral, a proporção de bolas azuis era de 0,6 $\left(\frac{60}{100}\right)$. Entretanto, entre as bolas de borracha, essa proporção era 0,66 $\left(\frac{20}{30}\right)$, enquanto que, entre as bolas de plástico, era 0,57 $\left(\frac{40}{70}\right)$. A probabilidade, portanto, de se retirar uma bola azul entre as bolas de borracha é maior do que a probabilidade de se retirar uma bola azul entre as bolas que não são de borracha (as de plástico). Essas discrepâncias não acontecem quando os valores dos atributos em questão são independentes. Considere, por exemplo, a distribuição abaixo:

	Azul	Vermelha
Borracha	20	10
Plástico	40	20

Nesse caso, temos 60 bolas azuis (A) em um total de 90 bolas ($P(A) = \frac{60}{90} \approx 0{,}66$). Note agora que essa proporção não se altera se olharmos apenas para as bolas azuis entre as de borracha (B) ($P(A|B) = \frac{20}{30} \approx 0{,}66$) ou apenas para as azuis entre as que não são de borracha ($\sim B$) ($P(A|\sim B) = \frac{40}{60} \approx 0{,}66$). A conclusão é que $P(A) = P(A|B)$ quando A e B são eventos independentes. Da mesma forma, pode-se verificar facilmente que $P(B) = P(B|A)$ nessas circunstâncias. Retomando as equações envolvendo $P(A\&B)$ que vimos mais acima, notamos que, diante da assunção de que A e B são independentes, elas se reduzem a uma única igualdade:

$$P(A\&B) = P(A) \times P(B) \quad \text{se } A \text{ e } B \text{ forem independentes} \quad (4.7)$$

Em problemas práticos, é comum tomar por princípio a independência entre certos eventos no cômputo de probabilidades conjuntas, mesmo quando os eventos não são completamente independentes entre si. O resultado, claro, é uma aproximação, mas que pode ser boa o bastante para certos propósitos e que se justifica pela redução na complexidade dos cálculos envolvidos. Como havíamos adiantado e veremos com mais clareza logo a seguir, é essa simplificação que dá a alcunha de *ingênuo* aos classificadores bayesianos, que apresentaremos já na próxima seção.

3.2. Classificadores bayesianos

Agora que já conhecemos a regra de Bayes, estamos prontos para conhecer o modelo subjacente aos classificadores bayesianos. Imaginemos um dado d que queremos mapear em uma das classes c de um conjunto pré-determinado $\mathcal{C}$. No caso da classificação de e-mails, que já menciona-mos anteriormente e que voltaremos a discutir em detalhe mais adiante, os dados d seriam mensagens e o conjunto de classes C teria dois elementos (spam e não-spam). Imaginemos, ainda, que os atributos relevantes de d se-jam $f_1, f_2, ..., f_n$. Esse dado d pode ser visto como a coocorrência desses atributos. Como exemplos de atributos para a classificação de mensagens de e-mail, poderíamos pensar no endereço do remetente, no título da men-sagem e na presença de certas palavras no corpo do texto.

Como estamos lidando com um classificador probabilístico, vamos re-tomar a fórmula geral que vimos no começo do capítulo aplicada a essa situação:

$$\hat{c} = \underset{c \in \mathcal{C}}{\mathrm{argmax}} \ P(c|f_1 \& f_2 \& \ ... \& f_n) \tag{4.8}$$

Usando a Regra de Bayes, temos:

$$\hat{c} = \underset{c \in \mathcal{C}}{\mathrm{argmax}} \ \frac{P(c) \ P(f_1 \& f_2 \& \ ... \& f_n|c)}{P(f_1 \& f_2 \& \ ... \& f_n)} \tag{4.9}$$

Note que o denominador da fração acima – $P(f_1 \& f_2 \& \ ... \& f_n)$ – será o mesmo para todas as classes que estamos comparando, já que se refere apenas ao dado d em questão. Isso significa que a classe que leva à maior fração é aquela que leva ao maior numerador, ou seja, ao produto de $P(c)$ por $P(f_1 \& f_2 \& \ ... \& f_n)$. Como consequência, podemos eliminar o deno-minador dessa fórmula:

$$\hat{c} = \underset{c \in \mathcal{C}}{\mathrm{argmax}} \ P(c) \ P(f_1 \& f_2 \& \ ... \& f_n|c) \tag{4.10}$$

Veja que o último termo na fórmula acima, $P(f_1 \& f_2 \& \ ... \& f_n|c)$, é uma probabilidade condicional envolvendo a coocorrência de uma série de atributos. Ela expressa a probabilidade de se ter os atributos $f_1, f_2 ...$ quando se tem c. A fim de estimar esse termo de forma geral (para todo tipo de dado), precisaríamos levar em conta, para cada classe, todas as combina-ções que podem conferir valores aos atributos em questão. Por exemplo, se estivermos lidando com atributos binários, do tipo ter ou não ter uma certa propriedade, teríamos 2^n combinações para cada classe. Uma vez que, em problemas reais, n tende a ser um número bastante elevado, podendo chegar aos milhares, esse cálculo torna-se bastante custoso e difícil de se obter de maneira confiável. Entretanto, como vimos na seção anterior, probabilidades conjuntas reduzem-se ao produto de probabilidades individuais quando as ocorrências em questão são independentes entre si. Mesmo quando as ocorrências não são independentes, obtêm-se boas aproximações em determinadas situações, o que se pode justificar, em termos de custo-benefício, pela enorme simplificação resultante. No âmbito dos classificadores bayesianos, essa simplificação recebe a qualificação de *ingênua*, e, os classificadores correspondentes, a alcunha de *bayesianos ingênuos* (*naïve Bayes*).

Em suma, o modelo subjacente a um classificador bayesiano ingênuo parte do princípio de que os atributos são **condicionalmente independentes**. Em outras palavras, a ocorrência de um atributo f_i em um dado pertencente a uma certa classe não afeta a probabilidade de um outro atributo f_j ocorrer nesse mesmo dado. Diante disso, temos que:

$$P(f_1 f_2 ... f_n | c) = P(f_1 | c) P(f_2 | c) ... P(f_n | c) \qquad (4.11)$$

Trata-se de uma multiplicação (produto) de vários termos, que representamos compactamente com o símbolo de **produtório** $\prod$:

$$P(f_1 f_2 ... f_n | c) = \prod_{i=1}^{n} P(f_i | c) \qquad (4.12)$$

Como resultado final, nossa fórmula geral que representa o modelo subjacente aos classificadores bayesianos ingênuos é a seguinte:

$$\hat{c} = \operatorname*{argmax}_{c \in \mathcal{C}} P(c) \prod_{i=1}^{n} P(f_i | c) \qquad (4.13)$$

Para chegarmos, a partir dessa fórmula geral, a um modelo particular, precisamos atribuir probabilidades a cada uma das classes e à ocorrência de cada um dos atributos dentro de cada classe. A fixação desses parâmetros é chamada de **treinamento** do classificador, que é o tópico abordado a seguir.

4. TREINANDO O CLASSIFICADOR

Para tornar nossa apresentação mais concreta, vamos trabalhar com um exemplo particular: um detector de *spams*. A tarefa proposta é classificar mensagens de e-mail como *spam* (*sp*) ou *não-spam* (*nsp*):

$$\mathcal{C} = \{\text{sp, nsp}\}$$

Como atributos, vamos deixar de fora características potencialmente relevantes, como o endereço do remetente e o título (assunto) da mensagem, e levar em conta apenas as palavras no corpo da mensagem. Nossos atributos, portanto, podem ser representados como indicadores da ocorrência ou não de certas palavras na mensagem. A ideia geral é que a (não) ocorrência de uma palavra serve de indício para a classificação das mensagens enquanto spam ou não. Por exemplo, ocorrências de palavras como "sexo", "vendemos" ou "gratuitamente" parecem um forte indicativo de estarmos diante de um spam. Sobre que palavras levar em consideração, é costume limitar o vocabulário às classes gramaticais *plenas*, ou de conteúdo (substantivos, verbos, adjetivos e advérbios), deixando de fora palavras ditas *vazias* como artigos, pronomes, conjunções e preposições, já que sua presença não é relevante para distinguir entre spams e não-spams, ou seja, tanto as mensagens de spam quanto as não-spam tendem a possuir indiferentemente as mesmas categorias vazias. Pode-se limitar ainda mais esse vocabulário, levando-se em conta apenas palavras relativamente frequentes e fundindo-se as diferentes formas da palavra em uma única entrada (lematização). Assim, ocorrências de diferentes formas de um mesmo verbo ("vendemos", "vendo", "vende") ou substantivo ("carro", "carros") seriam reduzidas a suas formas de citação ("vender", "carro").

Em suma, vamos considerar o vocabulário como uma lista indexada de palavras pré-selecionadas ($palavra_1, palavra_2, \ldots, palavra_n$). Dessa forma, toda mensagem será representada por n atributos, cada um deles (f_i) indicando a ocorrência ou não de $palavra_i$ na mensagem. Utilizaremos a notação $palavra_i = 1$ ou $palavra_i = 0$ para a presença ou ausência de $palavra_i$ na mensagem.

Os vocabulários das línguas naturais, mesmo com os cortes que estamos fazendo, são grandes, chegando facilmente aos milhares. O número n de atributos tende, portanto, a ser elevado. Para efeitos puramente pedagógicos, vamos simplificar drasticamente esse cenário e considerar apenas três atributos, correspondendo à ocorrência ou não das palavras "viagra" (f_1), "sexo" (f_2) e "reunião" (f_3). Assim, podemos representar uma mensagem m que contenha as palavras "viagra" e "sexo", mas não a palavra "reunião", da seguinte forma:

$$m : [\text{viagra} = 1, \text{sexo} = 1, \text{reunião} = 0]$$

Para classificar essa mensagem, vamos aplicar o modelo bayesiano ingênuo, que, nesse caso, é o seguinte:

$$\hat{c} = \underset{c \in \{\text{sp, nsp}\}}{\text{argmax}} \ P(c) \ P(\text{viagra} = 1|c)P(\text{sexo} = 1|c)P(\text{reunião} = 0|c)$$

Para o classificador funcionar, precisamos das probabilidades condicionais $P(f_i|c)$ para cada atributo, dada uma determinada classe, além das probabilidades não condicionais $P(c)$ de cada classe. Esses são os parâmetros do modelo que precisam ser fixados. A fixação, chamada também de **treinamento**, é feita através de um **algoritmo de aprendizagem** que, após ser exposto a um conjunto de dados previamente classificados, retorna as probabilidades em questão. Esse processo é chamado de **aprendizagem supervisionada**, em função do fornecimento de dados que já foram classificados por um supervisor humano.

Nota Técnica

Após o treinamento, o modelo deve ser capaz de fazer previsões (em nosso caso, classificações) mesmo diante de dados que nunca encontrou antes. Entramos, assim, no domínio da ciência da computação conhecido como **aprendizagem de máquina**. Não sem um certo excesso metafórico, a ideia geral é que a máquina, guiada pelos dados recebidos, "aprenda" como seu supervisor humano classificaria novos

PARA CONHECER Linguística Computacional

dados, e, a partir daí, possa classificá-los sozinha, sem precisar de novas supervisões.

Como fizemos no caso dos modelos de n-gramas do capítulo anterior, vamos calcular probabilidades via **estimativa por máxima verossimilhança** (MLE), ou seja, computando frequências relativas que, por sua vez, baseiam-se em contagens simples. Em um corpus de tamanho N, teremos as seguintes probabilidades para cada atributo f_i e classe c:

$$P(f_i|c) = \frac{contagem(f_i, c)}{contagem(c)} \qquad (4.14)$$

$$P(c) = \frac{contagem(c)}{N} \qquad (4.15)$$

Prosseguindo com nossa ilustração, vamos simular um corpus de treinamento contendo 10.000 mensagens previamente classificadas. Destas, 6.000 são spam e o restante (4.000), não-spam. Os valores relativos à presença dos atributos relevantes (isto é, as palavras "viagra", "sexo" e "reunião") são os seguintes:

	spam (6.000)	não-spam (4.000)
viagra	3.600	40
sexo	2.400	1.000
reunião	90	120

A partir dessas contagens, calculamos as probabilidades que constituem os parâmetros do modelo. Para a probabilidade das classes, basta dividir o número de spams (6.000) e não spams (4.000) pelo total de mensagens (10.000), o que nos dá os valores 0,6 e 0,4, respectivamente. Já para os atributos, dividimos a contagem de cada um deles dentro da classe pelo total de ocorrências dessa classe. Tomemos como ilustração a palavra "sexo". Como ela ocorreu em 2.400 dos 6.000 spams, sua probabilidade dentro dessa classe será de 0,4 ($\frac{2400}{6000}$). Analogamente, tendo ocorrido em

1.000 dos 4.000 não-spams, sua probabilidade nessa classe será de 0,25 $(\frac{1000}{4000})$. De forma semelhante, calculamos as demais probabilidades, chegando aos valores a seguir:

	spam (0,6)	não-spam (0,4)
viagra	0,6	0,01
sexo	0,4	0,25
reunião	0,015	0,03

De posse desses valores, podemos estimar as probabilidades de uma mensagem qualquer ser um spam ou um não-spam. Para uma mensagem que contenha as palavras "viagra" e "sexo", mas que não contenha a palavra "reunião", teremos:

Cálculo para $c =$ spam:
$P(spam)P(\text{viagra} = 1|spam)P(\text{sexo} = 1|spam)P(\text{reunião} = 0|spam)$
$= 0,6 \times 0,6 \times 0,4 \times (1 - 0,015) = 0,14184$

Cálculo para $c =$ não-spam:
$P(\text{não-spam})P(\text{viagra} = 1|\text{não-spam})P(\text{sexo} = 1|\text{não-spam})$
$\hookrightarrow P(\text{reunião} = 0|\text{não-spam})$
$= 0,4 \times 0,01 \times 0,25 \times (1 - 0,03) = 0,00097$

Como o valor obtido para a classe *spam* é superior ao obtido para a classe *não-spam*, o resultado é a classificação da mensagem como *spam*.

Note que, no caso da não-ocorrência de uma palavra (como "reunião", no exemplo dado), utilizamos 1 menos o valor correspondente à probabilidade de ocorrência da palavra. Isso porque a probabilidade de um spam (ou não-spam) conter uma certa palavra mais a probabilidade de um spam (ou não-spam) não conter essa mesma palavra será sempre igual a 1.

Nesse momento, talvez você desconfie da hipótese de independência condicional entre os atributos usados na classificação. Afinal, não parece muito realista, por exemplo, pensar que a ocorrência da palavra "viagra" numa mensagem de spam não afeta a probabilidade da palavra "sexo" ocorrer na mesma mensagem, quando sabemos que essas duas palavras estão muito frequentemente associadas. Ainda assim, a simplificação computacional resultante é valiosa e pode compensar o fato de essa associação entre as palavras ser deixada de lado.

Uma observação importante de ordem prática: nesse exemplo artificial com que ilustramos o classificador bayesiano ingênuo, usamos apenas três atributos para classificar uma mensagem. Como já salientamos, numa classificação real de texto, usa-se uma boa parte do vocabulário, o que pode facilmente chegar a milhares de palavras. Entretanto, mesmo usando apenas três atributos, obtivemos valores numéricos baixos (0,14184 e 0,00097) nos resultados de classificação por causa das multiplicações de probabilidades. Com milhares de atributos, a situação torna-se dramática, pois mesmo os computadores têm dificuldades para calcular quando os valores são tão próximos de zero. Esse é um problema conhecido como **underflow**.

Uma solução conveniente para o problema de underflow é trabalhar com logaritmos. Como a função logarítmica é estritamente crescente, sempre que x for maior que y, $\log x$ será maior que $\log y$, e vice-versa. Como nosso classificador baseia-se em um critério numérico comparativo, nada se perde nessa mudança. Já a vantagem em usar logaritmos é dupla: em primeiro lugar, os valores deixam de se aproximar perigosamente de zero. Por exemplo, $\log 0{,}00005 \approx -10$. Em segundo lugar, ao invés de lidar com multiplicações, passa-se a lidar com adições, já que $\log(x \times y) = \log x + \log y$. Isso é bom, pois somar é computacionalmente menos oneroso do que multiplicar.

Levando em conta essas questões, a reapresentação do modelo bayesiano ingênuo é a seguinte:

$$\hat{c} = \operatorname*{argmax}_{c \in \mathcal{C}} \ \log P(c) + \sum_{i=1}^{n} \log P(f_i | c) \qquad (4.16)$$

Comparada com a versão anterior apresentada em 4.13, nota-se a introdução dos logaritmos junto ao cálculo de cada probabilidade e a conversão dos produtos em somas. Em particular, emprega-se o **somatório** $\sum$ que, analogamente ao produtório $\prod$, soma os valores de uma sequência.

4.1. Suavização

Um problema inerente à estimativa de probabilidades feita diretamente pelas frequências relativas é que, sempre que uma palavra não aparecer em uma classe durante o treinamento, a probabilidade (MLE) dessa classe para uma mensagem que contenha tal palavra resulta em zero, ainda que outros atributos sejam claramente indicativos da classe. Por exemplo, se a palavra "módicos" não ocorrer entre os spams que constituem o corpus de treinamento, a probabilidade de uma mensagem como "sexo com viagra a preços módicos" ser um spam seria zero, de acordo com o classificador, e o fato de as palavras "viagra" e "sexo" ocorrerem na mesma mensagem não seria relevante.

Trata-se de um problema semelhante ao que vimos no caso dos modelos de n-gramas. Como naquele caso, a solução consiste em algum tipo de **suavização** (*smoothing*), em que se altera a contagem das classes e atributos, adicionando-se um valor positivo k a elas, de modo a eliminar a possibilidade de zerar as probabilidades resultantes.

5. AVALIAÇÃO DO CLASSIFICADOR

Tendo treinado um classificador, como avaliar seu desempenho? Em outras palavras, como compará-lo a outros classificadores capazes de desempenhar a mesma tarefa? Precisamos, antes de mais nada, de um **corpus de teste**: um conjunto de dados previamente classificados e preferencialmente distinto do corpus de treinamento. Esse corpus de teste será usado (sem a classificação) como input para o classificador já treinado. A partir daí, anotam-se as estimativas que o classificador gerou, confrontando-as com as classificações corretas e aplicando-se aos resultados uma medida de avaliação que permita comparar diferentes classificadores submetidos ao mesmo processo avaliativo.

Essas medidas baseiam-se na divisão dos resultados em quatro categorias, como mostrado na tabela a seguir.

		correto	
		spam	*não-spam*
estimado	*spam*	VP	FP
	não-spam	FN	VN

Verdadeiros positivos (VP) e *verdadeiros negativos (VN)* correspondem aos acertos do classificador: spams que foram considerados spams e não-spams que foram considerados não-spams, respectivamente. *Falsos positivos (FP)* e *falsos negativos (FN)* correspondem aos erros do classificador: não-spams que foram considerados spams e spams que foram considerados não-spams, respectivamente.

A partir dessa categorização dos resultados, há uma série de medidas que podem ser aplicadas. Relacionamos a seguir algumas das principais:

Medidas de avaliação

- **Acurácia (*accuracy*):** indica a fração de acertos do classificador. Quanto maior a acurácia, maior a taxa geral de acertos.

$$\frac{VP + VN}{VP + FP + VN + FN} \tag{4.17}$$

- **Precisão (*precision*):** indica a fração das mensagens classificadas como spam que, de fato, eram spam. Um classificador com alta precisão raramente põe um dado em uma classe a que ele não pertence.

$$\frac{VP}{VP + FP} \tag{4.18}$$

- **Cobertura (*recall*):** indica a fração das mensagens que, de fato, eram spam e que foram classificadas como tal. Um classificador com boa cobertura raramente deixa de incluir um dado em uma classe a que ele pertence.

$$\frac{VP}{VP + FN} \tag{4.19}$$

- **Medida-F** *(F-Score)*: combina *precisão* e *cobertura*.

$$F = 2 \times \frac{\text{precisão} \times \text{cobertura}}{\text{precisão} + \text{cobertura}} \tag{4.20}$$

A título de ilustração, vejamos um exemplo que simula a avaliação de um classificador de e-mails nos moldes do que estamos discutindo neste capítulo. Vamos assumir um corpus de testes com mil mensagens, sendo metade delas spams e a outra metade, não-spams:

		correto	
		spam	*não-spam*
estimado	*spam*	480	120
	não-spam	20	380

Desses números, resultam as seguintes medidas:

- **Acurácia**: $\frac{480+380}{1000} = 0,86\ (86\%)$

- **Precisão**: $\frac{480}{480+120} = 0,80\ (80\%)$

- **Cobertura**: $\frac{480}{480+20} = 0,96\ (96\%)$

- **Medida-F**: $2 \times \frac{0,8 \times 0,96}{0,8 + 0,96} = 0,87\ (87\%)$

Por fim, para saber se a avaliação de um modelo é ou não satisfatória, é preciso conhecer o chamado "estado da arte" na execução da tarefa em causa. Há áreas do processamento de linguagem natural já bastante exploradas e com medidas de avaliação próximas do máximo. Outras encontram-se ainda em estado incipiente, com resultados muitas vezes próximos do nível de chance, ou seja, com desempenho parecido ao de um classificador que atribui classes aleatoriamente. Detecção de spams pertence já há alguns anos ao primeiro grupo, com acurácia próxima de 100%.

PARA CONHECER Linguística Computacional

6. IMPLEMENTAÇÃO EM PYTHON

Nesta seção, vamos implementar em Python um classificador bayesiano ingênuo capaz de classificar mensagens de texto como spam ou não-
spam após passar por um treinamento (aprendizagem supervisionada). Como
vimos, o treinamento consiste na fixação de parâmetros, que, nesse caso,
correspondem a contagens de classes e de atributos (palavras) das mensagens em cada uma delas.

Comecemos, então, declarando variáveis correspondentes a esses parâmetros, todas elas zeradas inicialmente. Antes, porém, precisamos importar o módulo `corpus`, criado no capítulo 2, e os `defaultdict`, que
serão usados na implementação:

```python
import corpus
from collections import defaultdict

spams = 0
nao_spams = 0
em_spam = defaultdict(int)
em_nao_spam = defaultdict(int)
```

A essas variáveis declaradas, acrescentaremos mais uma, que guardará
o vocabulário relevante para a classificação. Esse vocabulário também será
extraído do corpus de treinamento:

```python
vocab = set()
```

Em seguida, vamos definir uma função que extrai as palavras de uma
mensagem (string):

```python
def atributos(mensagem):
    palavras = mensagem.split()
    palavras = corpus.limpar(palavras)

    return set(palavras)
```

Observe que, primeiramente, convertemos a mensagem em uma lista de palavras. Depois, limpamos as palavras usando o módulo `corpus`, criado no capítulo 2. Por fim, convertemos essa lista em um conjunto, a fim de eliminar as repetições.

Para o treinamento propriamente dito, vamos criar um corpus na forma de um arquivo de texto bruto (TXT) contendo dez mensagens já classificadas como spam (1) ou não-spam (0). Cada linha desse arquivo deve conter a classificação e o texto da mensagem, separados por uma vírgula. Os parâmetros serão fixados percorrendo essas linhas, uma a uma. Sugerimos que você use um editor de textos não formatados, como o Atom (ver p. 75), para digitar e gravar as informações que vão servir de corpus para nossos exemplos a seguir. Nomeie o arquivo como `corpus_treino.txt`.

```
0,reunião: consultório amanhã
0,pesquisas sobre viagra
0,reunião da diretoria
0,consultório: ligar imediatamente
1,viagra: preço imbatível!
1,sexo com viagra
1,vendemos viagra
1,sexo: satisfação garantida
1,viagra: bom preço é aqui!
1,viagra: satisfação garantida
```

Inicialmente, transformamos a linha em uma string através da função `str()`, extraindo, em seguida, a classificação (expressa pelo primeiro caractere, 0 ou 1) e o texto da mensagem (do terceiro caractere em diante). Em seguida, atualizamos os valores das variáveis que definimos anteriormente.

Preparação dos dados e contagens de atributos

```
1  corpus_treino = open('corpus_treino.txt', 'r',
   ↪   encoding='utf-8')
2
3  for dado in corpus_treino:
4      classe = dado[0]
```

PARA CONHECER Linguística Computacional

```
5      texto = dado[2:]
6      palavras = atributos(texto)
7
8      vocab |= palavras
9
10     if classe == '1':
11         spams += 1
12         for x in palavras:
13             em_spam[x] += 1
14     elif classe == '0':
15         nao_spams += 1
16         for x in palavras:
17             em_nao_spam[x] += 1
18 corpus_treino.close()
```

Para finalizarmos o modelo, basta converter as contagens em probabilidades via MLE. A fim de evitar probabilidades iguais a zero para palavras que não ocorreram durante o treinamento, vamos suavizar, adicionando um valor positivo às contagens efetivamente observadas. Concretamente, vamos considerar que, durante o treinamento, toda palavra (incluindo as que não apareceram durante o treinamento) foi observada k vezes a mais como spam e k vezes a mais como não-spam. Vamos considerar, também, que tanto o número total de spams quanto o numero total de não-spams aumentou em $2k$. Como resultado, o tamanho do corpus inteiro aumentará em $4k$. A título de ilustração, vamos adotar o valor $k = 1$.

Suavização do classificador

```
1  k = 1
2
3  p_spam = (spams + 2 * k) / (spams + nao_spams + 4 * k)
4
5  p_nao_spam = (nao_spams + 2 * k) / (spams + nao_spams
   ↪ + 4 * k)
6
7  def p_em_spam(palavra):
8      return (em_spam[palavra] + k) / (spams + 2 * k)
9
10 def p_em_nao_spam(palavra):
11     return (em_nao_spam[palavra] + k) / (nao_spams + 2
   ↪ * k)
```

> ### Dica
>
> Vamos brevemente lembrar que estamos usando duas técnicas distintas para facilitar as coisas. Primeiro, como estamos lidando com os *defaultdict* do Python, não precisamos nos preocupar com palavras que não ocorreram no corpus de treinamento em pelo menos uma das classes, já que elas receberão o valor zero na contagem. Segundo, se o valor no dicionário for mesmo zero, ele passará automaticamente a ser k, graças à suavização, evitando zerar as multiplicações de probabilidades.

Terminado o treinamento e tendo acesso ao vocabulário e às probabilidades exigidas pelo classificador, podemos defini-lo. Lembremos que a ideia é atribuir um *score* (via simplificação da regra de Bayes) a cada classe e selecionar o maior.

Classificação das mensagens

```python
def classificar(mensagem):
    score_spam = p_spam
    score_nao_spam = p_nao_spam

    for palavra in vocab:
        if palavra in atributos(mensagem):
            score_spam *= p_em_spam(palavra)
            score_nao_spam *= p_em_nao_spam(palavra)
        else:
            score_spam *= 1 - p_em_spam(palavra)
            score_nao_spam *= 1 -
    p_em_nao_spam(palavra)

    if score_spam > score_nao_spam:
        return 'spam'
    else:
        return 'não spam'
```

O classificador está pronto para ser usado. Lembre-se de que as mensagens devem ser strings, conforme ilustrado a seguir.

PARA CONHECER **Linguística Computacional**

Usando o classificador

```
1  >>> msg1 = 'viagra com bom preço: entregamos em seu
   ↪  consultório'
2  >>> classificar(msg1)
3  'spam'
4  >>> msg2 = 'pesquisas sobre viagra: reunião confirmada
   ↪  no consultório amanhã'
5  >>> classificar(msg2)
6  'não spam'
```

Por conveniência, apresentamos a seguir o código completo do programa que acabamos de criar passo a passo:

Classificador bayesiano ingênuo

```
1   import corpus
2   from collections import defaultdict
3
4   # Extração de atributos
5   def atributos(mensagem):
6       palavras = mensagem.split()
7       palavras = corpus.limpar(palavras)
8
9       return set(palavras)
10
11  # Probabilidades suavizadas
12  def p_em_spam(palavra):
13      return (em_spam[palavra] + k) / (spams + 2 * k)
14
15  def p_em_nao_spam(palavra):
16      return (em_nao_spam[palavra] + k) / (nao_spams + 2
    ↪  * k)
17
18  # Classificação das mensagens
19  def classificar(mensagem):
20      score_spam = p_spam
21      score_nao_spam = p_nao_spam
22
23      for palavra in vocab:
24          if palavra in atributos(mensagem):
25              score_spam *= p_em_spam(palavra)
26              score_nao_spam *= p_em_nao_spam(palavra)
27          else:
28              score_spam *= 1 - p_em_spam(palavra)
```

```python
29            score_nao_spam *= 1 -
   ↪   p_em_nao_spam(palavra)
30
31   if score_spam > score_nao_spam:
32       return 'spam'
33   else:
34       return 'não spam'
35
36 spams = 0
37 nao_spams = 0
38 em_spam = defaultdict(int)
39 em_nao_spam = defaultdict(int)
40 vocab = set()
41
42 # Preparação dos dados e contagens de atributos
43 corpus_treino = open('corpus_treino.txt', 'r',
   ↪   encoding='utf-8')
44
45 for dado in corpus_treino:
46     classe = dado[0]
47     texto = dado[2:]
48     palavras = atributos(texto)
49
50     vocab |= palavras
51
52     if classe == '1':
53         spams += 1
54         for x in palavras:
55             em_spam[x] += 1
56     elif classe == '0':
57         nao_spams += 1
58         for x in palavras:
59             em_nao_spam[x] += 1
60 corpus_treino.close()
61
62 # Suavização do classificador
63 k = 1
64 p_spam = (spams + 2 * k) / (spams + nao_spams + 4 * k)
65 p_nao_spam = (nao_spams + 2 * k) / (spams + nao_spams
   ↪   + 4 * k)
```

Como já salientamos, classificadores bayesianos são notórios por seu bom custo-benefício, aliando simplicidade a bons resultados. Esperamos que a discussão deste capítulo tenha transmitido uma boa ideia do que está em jogo na concepção e implementação desses classificadores. Nunca é demais relembrar que o método apresentado é somente um dentre muitos tipos de classificação de dados e que, dada a abrangência das tarefas de classificação no processamento de linguagem natural, é importante que você se familiarize com outros modelos e técnicas baseados em aprendizagem supervisionada, como sugerimos a seguir.

• LEITURAS SUGERIDAS

Você poderá complementar o que aprendeu neste capítulo com a leitura de "Naive Bayes Classification and Sentiment", que faz parte da nova edição (ainda em preparação) de Jurafsky e Martin, disponível em `http://web.stanford.edu/~jurafsky/slp3/`. Recomendamos, igualmente, o capítulo "Naive Bayes", em Grus (2005), e o capítulo "Learning to classify text", do livro *Natural Language Processing with Python*, que já mencionamos em capítulos anteriores e que está disponível como parte do NLTK `http://www.nltk.org/book/`.

Para a familiarização com outras abordagens de classificação baseadas em aprendizagem supervisionada, um bom começo é o estudo de modelos baseados em regressão logística, e, em seguida, os modelos de redes neurais. Novamente, recomendamos o material didático da nova edição de Jurafsky e Martin, citado acima, em especial os capítulos "Logistic Regression" e "Neural Nets and Neural Language Models".

• EXERCÍCIOS

1. Modifique o classificador de mensagens implementado neste capítulo, tornando-o mais exigente na classificação de uma mensagem como *spam*. Concretamente, modifique a implementação, de modo que o resultado da classificação seja *spam* apenas quando o score atribuído a esse rótulo seja pelo menos o dobro do score atribuído ao rótulo *não-spam*.

2. Implemente novamente esse classificador de mensagens utilizando a fórmula baseada em logaritmos apresentada neste capítulo.

3. Imagine que tenha sido dada a você a tarefa de classificar os resumos submetidos a uma conferência de linguística em duas classes: linguística teórica (LT) ou linguística aplicada (LA). A classificação deve levar em conta apenas as palavras-chave enviadas pelos autores dos resumos. Como treinamento, você tem a sua disposição os seguintes dados de anos anteriores, já previamente rotulados:

1. sintagma, sentença, função (LT)
2. sentido, ensino, gramática (LA)
3. sentença, sujeito, sentido, sintagma (LT)
4. ensino, gramática, sintagma (LA)
5. sujeito, sentido, gramática, função (LA)

Construa um classificador bayesiano ingênuo para essa tarefa e treine-o com o corpus acima. Utilize o processo de suavização, que vimos neste capítulo, no cômputo das probabilidades. A que classe – LT ou LA – seu classificador atribuiria o dado (D) abaixo?

(D) sentido, sentença, sujeito, gramática

CONSIDERAÇÕES FINAIS

Neste livro, buscamos dar uma ideia geral do que se faz na linguística computacional, discutindo alguns temas e métodos da área. Procuramos apresentar algumas das ferramentas básicas para as tarefas ligadas ao processamento automático de linguagem natural, mesclando elementos de programação, de análise de corpora e de modelos computacionais.

No primeiro capítulo, apresentamos a linguagem de programação Python, notória por aliar simplicidade e poder expressivo. Nosso objetivo principal foi subsidiar as análises dos capítulos posteriores. Dominados alguns dos fundamentos básicos dessa linguagem, vimos como o programador pode criar suas próprias funções e falamos sobre módulos externos e bibliotecas que expandem as aplicações da linguagem a diversos domínios, incluindo o processamento de linguagem natural.

O segundo capítulo foi dedicado ao trabalho com corpus. Computadores modernos são capazes de armazenar e processar eficientemente uma quantidade cada vez maior de dados, o que inclui textos longos, ou mesmo vastos conjuntos de textos, extraindo informações muitas vezes difíceis de se detectar manualmente. Tratamos de algumas técnicas quantitativas que auxiliam em sua análise e implementamos essas técnicas em scripts para análise de dados linguísticos e textuais.

No terceiro capítulo, introduzimos a noção de probabilidade e o uso de modelos de linguagem probabilísticos. Vimos que lidar com probabilidades torna-se essencial quando precisamos fazer previsões ou tomar decisões mediante um certo grau de incerteza. Muitas tarefas ligadas ao processamento de linguagem encaixam-se nesse perfil, como, por exemplo, quando um aplicativo de telefone celular tenta prever a próxima palavra a ser digitada pelo usuário, minimizando assim o número de toques na tela e agilizando o processo de escrita de uma mensagem. Discutimos os chamados modelos de n-gramas, que, após serem treinados com dados de um corpus, são capazes de atribuir probabilidades a sequências de unidades linguísticas, como palavras e sentenças. Acompanhamos passo a passo a construção, treinamento e avaliação de um modelo de n-gramas, bem como sua implementação em Python.

Já no quarto capítulo, falamos sobre tarefas de classificação e o uso de classificadores probabilísticos em sua execução. Discutimos e implementamos em Python um programa de detecção de spams, tendo por fundamentação matemática subjacente um modelo chamado de *Naive Bayes*, que alia simplicidade e bons resultados práticos. Buscamos também introduzir alguns conceitos e técnicas da área da ciência da computação conhecida como aprendizagem de máquina. Nesse contexto, falamos sobre seleção de atributos, aprendizagem supervisionada e medidas de desempenho que permitem avaliar os resultados entregues pelo classificador.

Ao término da leitura deste livro, tendo feito os exercícios ao final de cada capítulo, esperamos que você tenha começado a se familiarizar com os termos, métodos e ferramentas da área. Mais que isso, esperamos que você tenha podido conceber, em diferentes passagens deste texto, como utilizar esses instrumentos para gerar suas próprias análises de problemas linguísticos. Obviamente, exploramos apenas uma pequena fração do que se tem feito em linguística computacional nos dias de hoje. Por isso, esperamos sinceramente que você passe em seguida à leitura de obras mais aprofundadas, como as que indicamos ao final dos capítulos, e que, em breve, esteja participando ativamente dessa área tão importante quanto fascinante da linguística, da computação e das ciências cognitivas. Uma área recente, sem dúvida, mas impulsionada por antigos anseios da ciência: criar máquinas capazes de compreender e produzir a linguagem humana.

BIBLIOGRAFIA

Byrd, S.; Klein, E.; Loper, E. *Natural Language Processing With Python*. Sebastopol: O'Reily Media, 2009.

Dickinson, M.; Brew, C.; Meurers, D. *Language And Computers*. West Sussex: Blackwell Publishing, 2013.

Downey, A. *Think Stats: Exploratory Data Analysis*. Sebastopol: O'Reily Media, 2014.

Downey, A.; Elkner, J.; Meyers, C. *How To Think Like A Computer Scientist: Learning With Python*. Needham: Green Tea Press, 2001.

Ferreira, M.; Lopes, M. Linguística computacional. In: Fiorin, J. L. (org.). *Novos caminhos da linguística*. São Paulo: Contexto, 2017, pp. 195-213.

Gries, S. *Quantitative Corpus Linguistics With R: A Pratical Introduction*. New York: Routledge, 2009.

Grus, J. *Data Science From Scratch: First Principles With Python*. Sebastopol: O'Reilly Media, 2015.

Hirschberg, J.; Manning, C. Advances In Natural Language Processing. *Science*, v. 349, 2015, pp. 261–266.

Jurafsky, D.; Martin, J. *Speech And Language Processing*, 2. ed. New Jersey: Pearson Education, 2009.

Manning, C.; Raghavan, P.; Schütze, H. *Introduction To Information Retrieval*. Nova York: Cambridge University Press, 2008.

Manning, C.; Schütze, H. *Foundations Of Statistical Natural Language Processing*. Cambridge: MIT Press, 1999.

McEnery, T.; Hardie, A., *Corpus Linguistics: Method, Theory And Practice*. Nova York: Cambridge University Press, 2011.

Norvig, P., *On Chomsky And The Two Cultures Of Statistical Learning*, `http://norvig.com/chomsky.html`, 2011.

OS AUTORES

Marcelo Ferreira é Professor Associado (livre-docente) no Departamento de Linguística da Universidade de São Paulo e pesquisador nível 2 do CNPq. Obteve o título de Ph.D em linguística, com especialização em semântica formal, no Massachusetts Institute of Technology (MIT), em 2005. Seus campos de interesse, além da linguística computacional, são a semântica e a pragmática formais.

Marcos Lopes é Professor Doutor no Departamento de Linguística da Universidade de São Paulo. É doutor em Linguística pela Université Paris X, com pós-doutorados em linguística computacional (USP), ciências cognitivas (Univ. Québec à Montréal) e inteligência artificial (Universität Bremen). Seus interesses de pesquisa são a linguística computacional, a semântica e as ciências cognitivas.

este livro foi tipografado em

XƎLATEX

pelos autores

http://xetex.sourceforge.net/